Tropfen vom Lotosblatt

Begegnungen mit der Kultur
der Achtsamkeit

Walter Flemmer

Tropfen vom Lotosblatt

Begegnungen mit der Kultur der Achtsamkeit

Theseus Verlag

Theseus im Internet: www.theseus-verlag.de.

Bibliografische Information der Deutschen Bibliothek
Die Deutsche Bibliothek verzeichnet diese Publikation
in der deutschen Nationalbibliografie;
detaillierte bibliografische Daten sind im Internet über
http://dnb.ddb.de abrufbar.

ISBN 978-3-7831-9516-3

Originalausgabe

Umschlaggestaltung: Morian & Bayer-Eynck, Coesfeld,
www.mbedesign.de, unter Verwendung eines Fotos von © Hildegard Morian
Lektorat: Susanne Klein
Gestaltung und Satz: Ingeburg Zoschke, Berlin
Druck: CPI – Clausen & Bosse, Leck
Printed in Germany

Gedruckt auf alterungsbeständigem Papier mit
chlorfrei gebleichtem Zellstoff

Inhaltsverzeichnis

Man müßte viele Leben haben,
um die Wahrheit des Zen zu erfassen, sie zu sein.

Eugen Herrigel

Mönche bei der Meditation im Tofuku-ji in Kioto

Begegnungen

Mitte der sechziger Jahre: Ein junger Fernsehredakteur wird beauftragt, zusammen mit einem namhaften Kunsthistoriker dreizehn halbstündige Sendungen zum Thema *Die Kunst Asiens* vorzubereiten. Monatelang kann er sich der Sammlung des nötigen Bildmaterials widmen. Er beginnt, sich in die Kunst Indiens, Chinas und Japans einzulesen. Erstmals gewinnen Namen wie *Mahabalipuram, Khajuraho, Xi'an, Kioto, Basho, Katsura* und viele andere Gestalt, führen zu einer tastenden Begegnung mit fremden, aber schon faszinierenden Kulturen. Der Wunsch erwacht, einmal selbst vor den berühmten Steinsetzungen des *Ryoan-ji,* vor den Moosteppichen des *Kokedera* oder vor der kaiserlichen Villa *Katsura* stehen zu dürfen. Und es wächst der Wunsch, sich der Kultur des Ostens zu nähern, die besondere Form der chinesischen oder der japanischen Lyrik, die Tuschebilder in einem unmittelbaren Kontakt kennenzulernen. Schon der Assistent an der Münchner Universität hatte zusammen mit seinem Doktorvater die Anthologie *Lyrik des Ostens* zusammengestellt und die großen Poeten Chinas und Japans bewundert.

Der Wunsch nach einem unmittelbaren Kontakt mit der Kultur des Ostens, der Kultur Asiens sollte für mich in Erfüllung gehen. Als Vortragsreisender für das Goethe-Institut, als Teilnehmer am Japanpreis, als Autor und Redakteur beim Drehen von Fernsehfilmen in ganz Japan, in Vietnam und in China ist mir die Kultur der Achtsamkeit in Asien zu einer wichtigen Begegnung, Erfahrung meines Lebens geworden.

Sie hat über das ästhetische Moment hinaus zu einer entscheidenden Änderung in meiner Lebensphilosophie, meinen Lebensgewohnheiten geführt, zu einem Stil, so könnte man sagen, den ich nicht mehr missen möchte. Lange Zeit bin ich jedes Jahr nach Japan gekommen und zwischendurch auch in andere asiatische Länder. Die unmittelbare Anschauung wurde ergänzt durch ein intensives Studium insbesondere der japanischen und der chinesischen Geschichte und Kultur.

Ich habe damit nicht meine europäischen Wurzeln gekappt, sondern eine neue Tiefe der Wahrnehmung, vielleicht auch der Sensibilität hinzugewonnen, Möglichkeiten, die es mir erlauben, heute vielen Vorgängen oder Ereignissen gegenüber gelassener, aufmerksamer zu sein.

Wenn ich hier einige meiner Erfahrungen beschreibe, dann nicht, um eine Weltkultur als besonders attraktiv erscheinen zu lassen, sondern um ein wenig auf eine Sehweise oder Haltung hinzuweisen, die ich als eine unter anderen menschlichen Möglichkeiten als für mich wegweisend erfahren habe und die vielleicht ein Anstoß zum Nachdenken sein könnte.

Wege der Achtsamkeit

Die Titelstory eines deutschen Wochenmagazins vom 22. Juni 1998 lautete: *Japan. Das gescheiterte Vorbild.* Wer nur auf die Wirtschaft blickte, mag mit einer solchen Diagnose recht gehabt haben, denn die sogenannte Asienkrise hatte auf vielen Gebieten eine bedrohliche Qualität entwickelt. Und sicher stimmte es auch, wenn behauptet wurde, kein Staat habe sich in der jüngsten Vergangenheit so über seine ökonomischen Erfolge definiert wie Japan. Und deswegen zuckten Japaner unter den ständigen Hiobsbotschaften zusammen wie unter Peitschenhieben.

Doch gerade in einer solchen Situation, in der ein japanischer Vizeminister sagte: »Wir haben die Orientierung verloren«, hätte der Blick auf die orientierenden Kräfte der Kultur angezeigt sein müssen. Hatte die Definition über den Konsum nicht den Blick auf die Vergangenheit verstellt, deren Tugenden doch überall zu entdecken wären? Ich erinnere mich an ein Gespräch mit einem japanischen Bekannten, einem Philosophieprofessor. Zu dieser Zeit begann sich die Krise abzuzeichnen. Wir sprachen über den Sarin-Anschlag der Aum-Sekte in der Tokioter U-Bahn und den Schock, den dieser ausgelöst hatte. Professor Ama machte mir deutlich, dass durch diese Tat die japanische Gesellschaft in ihrem Kern getroffen worden sei. Denn wenn ein Mitglied der *Familie* einen so schändlichen Angriff auf die Gemeinschaft plant und ausübt, sind dann nicht die Grundfesten des Zusammenlebens erschüttert?

In Japan habe ich gelernt, die Welt und meine Probleme mit anderen Augen zu sehen, ich habe gelernt, mich nicht allzu wichtig zu nehmen, gleichmütiger zu sein. Ich habe dabei versucht, die *Vier Edlen Wahrheiten*, die Buddha verkündete, zu verstehen, vor allem aber die Wahrheiten des *Achtfachen Weges* zu begreifen. Was sind diese Wahrheiten?

Rechtes Erkennen. Das heißt, dass in uns die Einsicht, die Erkenntnis des Leidens wachsen soll.

Rechte Gesinnung, rechte Entschlussbereitschaft. Das heißt, dass wir frei von Hass und Grausamkeit sein sollen.

Rechtes Reden. Das heißt, dass wir frei von Lüge, falscher Nachrede und frei von leerem Geplapper sein sollen.

Rechtes Handeln. Das heißt, dass wir nicht töten und niemandem etwas wegnehmen sollen.

Rechter Lebensunterhalt. Das heißt, dass wir auf rechte, sittliche Weise unseren Lebensunterhalt erwerben sollen.

Erreichen kann all das nur der gesammelte Mensch, derjenige, der sich anstrengt (rechte Anstrengung), der achtsam ist (rechte Achtsamkeit) und derjenige schließlich, der sich versenkt, meditiert (rechte Konzentration). Der Achtfache Weg ist also ein Tun auf mehreren Ebenen. Innere Sammlung, Einsicht und rechtes Handeln gehören zusammen. Und so kommt es, dass der Achtfache Weg nicht in Stufen hintereinander erklommen werden kann. An jeder Stelle des Weges wird von dem, der sich befreien will, verlangt, dass er auf das Ganze blickt, dass er das Ganze will.

An einigen Kulturstätten, die ich in Asien besuchte, sind mir dazu geistige Prinzipien aufgegangen, die für mich heute tragende Möglichkeiten meines Lebens geworden sind.

Eines Tages, so wird berichtet, hielt sich der Buddha in einem Park auf. Er unterwies seine Schüler wie an jedem Tag. Viele waren gekommen. Sie warteten darauf, dass er sie etwas Besonderes lehren werde. Doch er setzte sich und schwieg. Sein Schweigen machte einige ungeduldig. Nach einiger Zeit hielt er eine Blume in die Höhe.

Die meisten verstanden nicht, was er damit sagen wollte. Aber einer der Zuhörer lächelte. Er hatte begriffen, er hatte eingesehen, dass keine Worte die lebendige Blume hätten ersetzen können.

Der Buddha aber sagt: »Seht her, das ist der Weg, den ich euch zeige.« Der Weg: unmittelbare, achtsame Erfahrung des Seins, des Lebens, des Lebendigen. Wesentlich bei allem Tun ist, sich einer Sache ganz zu widmen. Dieses Prinzip lebt nicht nur, wie man erwarten würde, in den Künsten. Es lässt sich vielleicht sogar in der Industrie beobachten, bei handwerklichen Verrichtungen, bei der Montage im Autowerk, beim Schneiden der Bäume im *Zen*-Garten eines Tempels, beim Einsammeln der herabgefallenen Tannennadeln von den Moospolstern. Ein Schüler fragte seinen Meister: »Übst du dich ununterbrochen in der Wahrheit?« – »Ja«, antwortete der Meister. – »Wie machst du das?« – »Ich esse, wenn ich hungrig bin, ich schlafe, wenn ich müde bin.« – »Ist das alles, das tun doch alle?« – »Nein«, sagte der Meister. »Die meisten essen nicht, wenn sie essen, sondern denken über alle möglichen Dinge nach. Wenn sie schlafen, schlafen sie nicht, sondern sind noch im Traum mit allen möglichen Dingen beschäftigt.« In dieser Weise kann z. B. die Übung des *Zen* überall stattfinden, im Verkehr, beim Essen, am Arbeitsplatz. Sie ist Übung der intensiven Wahrnehmung.

Im japanischen Garten wird der Besucher angehalten, achtsam zu sein, genau auf das unscheinbare Wachsen der Moose zu sehen, den in den Sand gezogenen Linien zu folgen, die Schritte auf den Trittsteinen mit Bedacht zu setzen. Vergehen und Wiedererstehen der Natur, die Jahreszeiten, das einzelne Blatt, eine Blüte, ein Grasbüschel, eine einzelne Pflanze, ein Stein, sie sollen achtsam wahrgenommen werden. Der einzelne Augenblick, ein Kiefernzweig, der Laut eines Tieres, nichts ist außen, nichts ist innen.

In einem Gedicht des berühmten japanischen Lyrikers *Matsuo Basho* heißt es:
»Uralt der Weiher.
Da, der Sprung eines Frosches
ein Ton im Wasser.«

Aus der Stille und Ruhe entsteht Achtsamkeit. Und so erfährt der im Garten Meditierende das Jetzt, den Augenblick, als friedvollen, glückseligen Zustand.

Der japanische Garten ist das Ergebnis sorgsamer Pflege. Der Mensch greift in das ungezügelte Wachsen ein. Gärten sind von Menschen geplant und angelegt und sollen nicht verwildern.

Der *Saiho-ji* (*ji*=Tempel) in Kioto beherbergt den *Kokedera*, den Moosgarten. Er ist eine Landschaft, die man durchwandern muss. Der Gartenkünstler hat eine unvergessliche, unvergleichliche poetische Landschaft geschaffen, die im Betrachter ein Gefühl der Befriedung und Stille auslöst. Vor dem *Saiho-ji*

liegt ein kleiner Lotosteich. Im Herbst sind die Blätter ver-
trocknet, die Stängel abgeknickt. Wer sich zu diesen Herbst-
zeichen hinabneigt, sie lange ansieht, dem geht das Geheimnis
der Vergänglichkeit auf. Die Lotosblätter sind nichts als jedes
Jahr wieder gleich vertrocknete, abgewelkte Blätter. Und doch
nennen ihre geradezu skulptierten Reste auch ein anderes.
Das Vergehen ist nicht schrecklich, sondern unglaublich sanft.
Es nimmt die Gedanken auf, nimmt jegliche Existenz an.
Allem Leben ist das gleiche *Stirb und Werde* beschieden. Nichts
Schreckliches ist daran.

Das Verhältnis des Japaners zur Natur wurde oft missver-
standen als Streben nach einer Identität mit ihr, als eine Form
des Pantheismus. Es ist aber nicht Ausdruck eines Gefühls der
ewigen Ruhe ihr gegenüber. Der *Zen*-Buddhismus nimmt die
Natur als ein lebendiges Ganzes, als eine unaufhörliche, ruhe-
lose Bewegung wie auch als vollkommene Ruhe. Nichts ist
voneinander getrennt. Der bekannte *Zen*-Schriftsteller *Daisetz
T. Suzuki*, der 1966 95-jährig starb, sagte, *Durchsichtigkeit* sei
das Schlüsselwort für die Weise, in der *Zen* die Natur verstehe.
Natur sei nicht das ruhige, unbewegte Gegenüber, es gehe
nicht darum, in ihr die Ruhe zu suchen. Wenn man die Ruhe
allein suche, meinte *Suzuki*, töte man die Natur, man halte die
lebendige Bewegung an und habe nur noch einen toten Körper in den Armen. Den Buddha-Weg zu erfahren bedeutet:
Sich selbst zu erfahren. Aber sich selbst zu erfahren, heißt:
sich selbst zu vergessen. Sich selbst zu vergessen meint: sich in
allem wahrzunehmen.

Die Erfahrung des Weges ist eine existenzielle Herausfor-
derung. Die Erfahrung dreht den Menschen um, kehrt das
Unterste zuoberst. Im Gedicht eines alten japanischen Zen-
Meisters ist die Herausforderung einzigartig benannt:

»Wenn dein Bogen zerbrochen ist
und du keine Pfeile mehr hast,
dann schieße. Schieße mit deinem ganzen Sein.«

»Wenn menschliche Wesen«, so sagt der Meister *Dogen,* »erleuchtet werden, so geschieht es wie beim Mond, der sich im Wasser spiegelt. Der Mond ist im Wasser, aber er wird nicht nass, und das Wasser wird durch den Mond nicht in Unruhe versetzt. Das Licht des Mondes leuchtet auf die große Erde, und doch kann es auch in einem kleinen Teich, im Tropfen Tau, im winzigen Tropfen Wasser sein.«

Beim Verstehen dieser Einsichten in konkreten Situationen, vor einem Kunstwerk, vor einer Pflanze, einem Baum, einer Blume, habe ich neu sehen gelernt. Ich möchte heute behaupten: Bei der Begegnung mit der buddhistischen Kultur der Achtsamkeit sind mir die Augen aufgegangen. Ich habe gelernt, mit allen Sinnen die Wirklichkeit wahrzunehmen. Entscheidend für mich ist die Veränderung in der Intensität der Wahrnehmung, bei der natürlich nicht nur der Gesichtssinn beteiligt ist. Ich habe gelernt, anders, intensiver zu schmecken, intensiver zu hören. Alle Sinne sind bei dieser Öffnung, bei diesem Geöffnet-Werden beteiligt. Ich höre heute den Laut eines Vogels, das Sich-Wiegen des Grases und auch Musik anders als vor der Begegnung mit der Kultur des Buddhismus. Ich bin wacher, offener, empfänglicher geworden. Ich habe gelernt, genauer hinzuhören, hinzusehen.

Verbunden damit ist ein tiefes Gefühl der Dankbarkeit gegenüber der Schöpfung. Mir ist ihre Wirklichkeit zum ständigen Geschenk geworden. Und ich habe gelernt, dass die Sucht, immer Neues erleben, sehen zu wollen, ehe das Ersterlebte, Ersterschaute noch wirklich in mich eingedrungen ist, eine Sucht zum Negativen ist.

Ich habe mir angewöhnt, Geduld zu üben, und habe Schritt um Schritt verstanden, dass eine Weisheit des Daseins im Zulassen und im Wiederkehren besteht. Das heißt, dass ich oft eine ganze Woche lang beim Autofahren nur ein Musikstück wieder und wieder anhöre. So sind mir dadurch erst Bachs grandiose Cello-Solo-Suiten aufgegangen, im wört-

lichen Sinn; so erst haben sich mir Beethovens späte Streich-
quartette oder manche Klavierstücke Schuberts erschlossen.

Es ist das Wunder der Beständigkeit und der Wiederkehr.
Ähnlich ist es mir beim Erfahren einer Landschaft gegangen.
Heute weiß ich: Erst wenn du hundert oder mehr Male den
gleichen Weg gegangen bist, die gleichen Hügel oder Bäume
angeschaut hast, hast du wirklich den Weg in dich hinein-
gegangen. Erst dann wirst du wirklich und unvergesslich die
jahreszeitlichen Veränderungen wahrnehmen.

Die Botschaft solcher Erfahrungen ist nicht die einer ab-
gehobenen Lehre oder einer weltabgewandten und der Welt
entrückten esoterischen Lebensweise, die am besten hinter ab-
geschirmten Klostermauern gelebt würde.

Bei der Übung der Handgriffe, Verrichtungen, Bewegungen, in voller Aufmerksamkeit, kann das Erleben des vollkommenen Augenblicks geschehen. Der Übende wird sich der
Handgriffe so sicher, dass er gleichsam vergessen kann, dass sie
ihn führen. Der Übende geht auf in dem, was geschieht, und
ist ganz im Tun.

Auf fünf Wegen, die alle ein Tun sind, wird im *Zen*-Bud-
dhismus der Übende zur Vollkommenheit geführt. Und diese
fünf Wege erscheinen auch im alltäglichen Leben.

Da ist der Schrift-Weg, *Sho-Do*, die zeremonielle, kunstvolle Leistung, in einer Sekunde mit dem Pinsel das vollkommene Schriftzeichen auf das Papier zu setzen.

Da ist der Tee-Weg, *Sa-Do* oder *Cha-Do* genannt, die genau geregelte Weise des Teetrinkens.

Da ist der Blumen-Weg, *Ka-Do*, die Weise, Blumen so zum
Kunstwerk zu arrangieren, dass Kunst und Natürlichkeit eine
wunderbare Einheit eingehen.

Da ist der Schwert-Weg, *Ken-Do*, die Kunst des meditativen Fechtens, die nur zu verstehen ist, wenn man sie als Verbindung technischer Perfektion der Ausübung und geistiger
Erkenntnis begreift.

Und schließlich gibt es den Bogen-Weg, *Kyu-Do*, die Kunst, gleichsam mit geschlossenen Augen das Ziel zu treffen. Man darf nicht auf die Scheibe zielen, sondern auf das Universum, heißt es.

Das japanische *Do* ist das chinesische *Tao*. Es geht also um das *Tao*, das Ungreifbare, Unmittelbare und zugleich Höchste. Sich ganz einer Sache zu widmen, bedeutet, jeden Handgriff bestmöglich zu tun. Das Beste zu geben, wird selbstverständlich zu einem Prinzip des Handelns und Lebens. Und damit wird Leistung im herkömmlichen Sinn überschritten. In allem konzentrierten, bewussten menschlichen Handeln werden geistige Disziplin und ästhetische Sensibilität zur Richtschnur.

Nach altjapanischer Auffassung ist alles Körperliche zugleich ein Geistiges. Und so handelt es sich beim Bogen-Weg um eine geistig-körperliche Disziplin.

In den japanischen Gärten, beim Beobachten der verschiedenen Wege, habe ich das Prinzip der Achtsamkeit und die damit verbundene Genauigkeit, Konzentration und Wiederkehr der Übungen kennengelernt und schließlich versucht, sie auf eine persönliche Weise für mein Leben zu nutzen.

Der buddhistische *Zen*-Weg ist vor allem alltägliches Tun. *Zen* meint Praktizieren. Keine Rede von Heiligkeit. *Zen* hat mit Theologie nichts im Sinn. Es geht nicht um eine Vorstellung von Gott, sondern um die Wirklichkeit des Menschen.

Ich habe zugesehen, wie die Mönche des *Tofuku-ji* jeden Tag den Tempelgrund, den Boden, die Wege, die Treppen vor dem Tempel säubern. Das Fegen des Bodens ist Teil, ist ebenso Station auf dem Weg zur Erleuchtung wie das Meditieren. Auch das Fegen des Bodens verlangt Genauigkeit, Konzentration.

»Alles beginnt mit dem Putzen des Bodens«, hat mir *Matasaka Toga*, der Direktor des Instituts für *Zen*-Studien an einer der Universitäten Kiotos, gesagt. »Wenn du begriffen hast, dass

alle Erleuchtung mit dem Bodenputzen beginnt und mit ihm
endet, hast du *Zen* begriffen. Und du musst selbst den Boden putzen.« Doch was war damit gemeint? Ich habe daraus
gelernt, dass man unerwünschte, lästige Tätigkeiten genauso
exakt ausführen kann wie erfreuliche. Auch dem scheinbar
Nebensächlichen kann man sich konzentriert widmen. Und
auch im Umgang mit Menschen mag dies bedeuten: Nimm
jeden ernst, erweise jedem die Ehre, setze dich nicht hoch-
näsig ab von den Menschen, die für dein Wohlergehen unwichtig sind. Mache dich nicht unnahbar, sondern sei für alle
da, die das Gespräch mit dir suchen.

Mehrmals habe ich japanische Grundschulen besucht und
eine überraschende Erfahrung gemacht. Die Kinder sind wie
überall in der Welt zum Unterricht gekommen. Sie haben die
Straßenschuhe aus- und Hausschuhe angezogen. Die Böden
der Schule, die Gänge, die Toiletten sind blitzblank, gepflegt.
Für die Kinder scheint es eine Selbstverständlichkeit zu sein,
achtsam mit ihrer Schule umzugehen. Und so habe ich immer
wieder Schulkinder angetroffen, die auf den Knien den Boden
ihrer Schule putzten, die mit Besen und Putztüchern ihr Klassenzimmer sauber machten. Ein für westliche Augen über-
raschender, wenn nicht gar provozierender Anblick. Werden
Kinder damit nicht missbraucht? Für das Bodenputzen gibt es
doch Putzfrauen. Auch in japanischen Schulen können Böden
schmutzig werden. Der Direktor einer Schule sagte mir:
»Natürlich machen die Kinder auch bei uns Dreck. Aber der
Unterschied ist, sie machen auch selber sauber.« »Sehen Sie«,
sagte der Direktor, »wenn die Kinder ihre Schule selbst in
Ordnung halten, wissen sie, dass die Schule ihr Eigentum ist,
dass sie sorgsam damit umgehen müssen. In meiner Schule
sehen Sie keine verschmutzten Wände, keine zerstörten, ver-
dreckten Toiletten.« Drill, Missbrauch der Kinder oder ein
Zeichen dafür, dass eine Kultur und Tradition der Achtsamkeit
bis in den Schulalltag hineinreicht?

Das rechte Maß

In den geheiligten Orten um Kioto lebt die Natur. Die bewaldeten Hügel, die Bambushaine, die Kiefern, die Pflanzen in den Tempelanlagen sind Teil, Zeichen einer lebendigen, spirituellen Tradition.

Immer erscheint in Bildern und Texten der Bambus als Symbol des japanischen Selbstverständnisses. Bambus liefert das Material für den Haus- und Tempelbau, für die Herstellung unzähliger Gegenstände des täglichen Gebrauchs.

Vor allem aber ist Bambus ein lebendiges Wesen, im Sommer, im Winter, in jeder Jahreszeit ein besonderes Gesicht zeigend. Bambus ist biegsam, nimmt den Wind auf, spielt mit dem Wind. Andere Bäume werden von den Stürmen aus dem Boden gerissen, brechen. Der Bambus bietet keine Angriffsflächen.

Es sei nicht nötig, sagt man in Japan, mit dem Kopf durch die Wand zu gehen, den Eigenwillen trotzig zu behaupten. Biegsamkeit, Anpassungsfähigkeit seien stärker, dauerhafter als starker Wille, als pure Durchsetzungskraft. Immer habe ich den Bambus vor Augen, wenn es wieder einmal um die Frage geht: Soll mein Vorgehen durch wilde Durchschlagkraft, durch die Ausnutzung der Stellung bestimmt sein oder durch den Versuch, den Wind, die Heftigkeit, biegsam abzufangen?

In Japan habe ich eine Architektur kennengelernt, für die es in der Welt keinen Vergleich gibt. Es ist die überkommene, traditionelle Architektur des menschlichen Maßes und die einer unübertroffenen Klarheit und Einfachheit. Bei meiner anfangs beschriebenen ersten Begegnung mit der Kunst Asiens habe ich auch Bilder der kaiserlichen Villa *Katsura* gesehen. Und dann habe ich immer wieder vor diesem einzigartigen Bauwerk gestanden, zuletzt als Autor und Regisseur

einer Reihe von vier einstündigen Filmen über Kioto und die
Kultur des Buddhismus.

   Katsura, ein Bauwerk, dessen Einmaligkeit im 20. Jahrhundert von dem deutschen Architekten *Bruno Taut* für die
Welt entdeckt wurde. Ich stand also mit meinem Team vor der
Katsura. Ich bemühte mich, dem Kameramann zu vermitteln,
welche Einstellungen und Schwenks ich haben wollte, aber
ich erntete nur Unverständnis. »Dieses mickrige Gebäude aus
Holz, das ohne jeden Schmuck ist, wollen Sie in so vielen Einstellungen aufgenommen haben?«, hörte ich ihn sagen. Meine
Kollegen und Mitarbeiter konnten meine Begeisterung einfach nicht verstehen. Wie konnte man vor den braunen Holz-
teilen, den weißen Flächen der papierbespannten Schiebetüren, den einfachen Dächern so positiv emotional reagieren?
Und so bemühte ich mich, das zu erläutern, was der Film auch
später für die Zuschauer leisten sollte. Worum ging es? Dem
Zuschauer und zuerst dem Kamerateam die Augen für die
Proportionen der Flächen zu öffnen, für die Ausgewogenheit
von hellen und dunklen Teilen der Konstruktion, für die Einfachheit und Vollkommenheit, für das menschliche Maß eines
Bauwerks, vor dem der Kaiser nicht großartige Aufmärsche
veranstalten ließ, sondern auf dessen Terrasse er den Mond
betrachtet, Gedichte geschrieben und Tee getrunken hat. Es
galt aus der Vollkommenheit dieses Gebäudes auf die Vollkommenheit einer Kunst zu kommen, in der die leeren weißen
Flächen der Tuschezeichnungen genauso wichtig sind wie die
mit Pinselstrichen oder Pinselhieben angedeuteten Kiefern
oder die aufsteigenden Felsen. In den Gebäuden der *Katsura*
war ein Geist des Maßes und der Achtsamkeit zur Geltung
gekommen, der auf alles Auftrumpfen, auf eindrucksvolle
Buntheit oder Verzierungen ebenso verzichten konnte wie auf
schiere, erdrückende Größe. Die ›Größe‹ der *Katsura* war eben
gerade im überschaubaren, im auf den Menschen zugeschnit-
tenen Maß Gestalt geworden.

In einem japanischen Bambuswald

Ein anderer Umgang mit dem Tod –
und mit dem Leben

Seit Jahrzehnten trage ich einen Organspenderausweis bei mir. Ich war immer davon überzeugt, dass es Sinn habe, anderen Menschen mit der Organspende zu helfen. Schließlich kann der Tod doch medizinisch eindeutig festgestellt werden, und seit einiger Zeit verfügen wir mit der Definition des Hirntodes über einen nachvollziehbaren Nachweis darüber, dass das Leben zu Ende sei. Ist denn nicht jedermann sogar verpflichtet, durch die Gabe der für ihn nicht mehr nützlichen Organe anderen zu helfen? Er könnte doch in die gleiche Situation kommen. Ich war stolz darauf, einen der ganz frühen, jetzt schon ziemlich zerfledderten Spenderausweise immer bei mir zu tragen. Ja, und dann musste ich mich längere Zeit mit einer ganz anderen, fremden Kultur des Sterbens, des Todes befassen. Ich hatte den deutschen Text zu einem Film über das *Tibetische Totenbuch* zu schreiben, den meine japanischen Kollegen in Tibet gedreht hatten. Ich studierte dieses bedeutsame, großartige Totenbuch, das eigentlich ein Buch vom Leben und Sterben ist, besorgte mir Kommentare und machte mich ans Schreiben. Der Film zeigte unter anderem, wie man heute in amerikanischen Sterbekliniken mit Hilfe des Totenbuchs auf den Tod vorbereitet, wie man den unheilbar Kranken damit Trost, ja Gelassenheit mit auf den Sterbeweg gibt. Der Film zeigte auch das Sterben eines einfachen Mannes in Tibet und wie sich zum letzten Mal eines seiner Enkelkinder neben ihm schlafen legte. Es zeigte den Toten und wie man nach den Regeln des Totenbuchs mit dem Toten umgeht. Eine neue Welt tat sich für mich auf. Tagelang musste der buddhistische Mönch, der *Lama,* den Toten, der im Sterbehaus auf seinem Bett lag, *Sutras* vorlesen. Denn der Gestorbene war nach Auffassung des Totenbuchs noch längst kein Toter. Er hatte einen

Prozess hinter sich zu bringen, die verschiedenen sogenannten *Bardo*-Zustände zu durchwandern, um in das endgültige
Licht, die Lichtung, zu kommen. Der Mensch konnte doch
Zeit beanspruchen, um sich zu lösen. Die Gebete des Mönches begleiteten ihn. Auch für das Sterben konnte man sich
Zeit lassen. Erst nach vielen Tagen durfte der alte Mann verbrannt werden. Und schließlich wurden die Aschereste in
einer feierlichen Prozession in die Berge des Himalajas geleitet und dort ausgestreut. Die Bilder des Films und der Text,
den ich dazu zu schreiben hatte, gaben mir die Gelegenheit,
mich zu erinnern. Ich sah mich als kleinen Bub im Sterbezim-
mer meines Großvaters. Er war im Wohnzimmer aufgebahrt.
Die Familie hatte sich um den Toten versammelt. Auch wir
Kinder gehörten dazu. Alle nahmen Abschied vom Oberhaupt
der Familie. Er blieb so lange aufgebahrt, bis alle gekommen
waren. Auch zum Abschiednehmen braucht man Zeit. Vielleicht nicht so lange wie in Tibet, aber vielleicht länger als in
der Klinik, in der die Ärzte auf die Organe des Toten warten
und wo meist der Sargdeckel über den Überresten eines Menschen zugeklappt wird, ohne dass ihm, seiner Seele und seinen
Angehörigen Zeit gelassen wurde, sich in diesen Prozess der
Ablösung, der vielleicht den Tod doch besser als der naturwis-
senschaftlich klare Akt beschreibt, hineinzubegeben. Ich trage
den Organspenderausweis noch heute in meiner Brieftasche,
aber eine gewisse Unsicherheit hat mich seit der Beschäfti-
gung mit dem *Tibetischen Totenbuch* nicht mehr losgelassen.

Die Begegnungen mit der Kultur des Buddhismus haben
nicht nur mein Verhalten bestimmt. Sie haben mir auch vor
Augen geführt, wie wichtig Kultur und Bildung zum Leben
und Überleben sind. Kultur und Bildung sind keine Zutat, die
man einfach weglassen könnte. Kultur ist kein Luxus-Gut,
sondern ein Lebens-Mittel.

Wir brauchen Kultur, um am Leben zu bleiben. Erst durch
die Kultur, die ja Humanität und Dienst an anderen ein-

schließt, kann es uns gelingen, die Barbareien, mit denen wir jeden Tag konfrontiert sind, zu bewältigen. Die Kultur der Achtsamkeit, wie ich sie in Asien kennengelernt habe, ist für mich immer wieder zum Lebens-Mittel, zum Heil-Mittel geworden. Es ist die Achtsamkeit gegenüber der Umwelt und gegenüber den Menschen, die Kultur erst ermöglicht.

Wir brauchen den Geist der Achtsamkeit. Wir müssen das achtsamere Wahrnehmen wieder lernen und spüren, dass es die Grundlage der Kultur ist. Kultur hat etwas mit Geschmack zu tun. Wir bedürfen der ästhetischen Erziehung und der dauernden Übung, weil gerade die Erfahrung von Qualität mithelfen kann, das Destruktive auszuhalten. Und dazu gehören das Hinhören- und Hinschauenkönnen, die offenen Sinne. Wir müssen ein Zeitalter des Lebens herbeiführen. Und dieses wird und muss auch durch eine Symbiose der Kulturen gekennzeichnet sein. Wenn wir die Dinge nur nach ihren Funktionen, nach ihrer Nützlichkeit werten, wird uns das Leben, wird uns die Kultur, zu der ja auch das Spielerische gehört, entgleiten.

Worum also geht es? Um die Erfahrung, dass nicht das Hetzen auf ein Ziel hin wichtig ist, sondern dass der Weg das Ziel ist. Es geht darum, das zu tun und bestmöglich zu tun, was im Augenblick wichtig ist. Wenn du gehst, gehe, wenn du schaust, schaue, wenn du hörst, höre, sonst nichts.

Der Text des vorliegenden Buches ist die Quintessenz meiner Begegnung mit Asien, insbesondere mit Japan, eine zugegebenermaßen subjektive Sicht. Und er ist die Zusammenfassung meiner Erfahrungen, meiner in Filmtexten, in Vorträgen und einzelnen Publikationen gelegentlich geäußerten Überlegungen. So sind auch Texte neu formuliert und überarbeitet worden, die erstmals andernorts erschienen sind. Die Fotos sind eine winzige Auswahl aus vielen hundert in all den Jahren entstandenen Aufnahmen.

Den Menschen zugewandte Güte

Buddha, der Erleuchtete: Mit gekreuzten Beinen sitzt er auf dem Lotos, in unendlicher Güte den Menschen zugewandt, die noch auf dieser Erde des Leidens leben, den Menschen lächelnd zugewandt und ihnen die Hoffnung gebend, dass sie selbst, jeder alleine, die Kraft und Fähigkeit haben, in den Zustand der Befreiung von Leiden zu kommen, sich selbst zu erlösen. Wer ist dieser Buddha, der seit zweieinhalb Jahrtausenden die Menschen fasziniert? Der Buddha, dessen Lehre sich von Indien aus in den Osten, nach Asien, verbreitete und die Kulturen aller Länder, von China über Thailand, Korea und Japan, geprägt hat? Indochina, die indonesische Inselwelt, Asien bis Sibirien, Tibet, Burma und Ceylon: In wenigen Jahrhunderten war ein Großteil der Welt buddhistisch geworden. Eine Lehre hatte ohne missionarischen Eifer, ohne gewalttätige und von Kriegen begleitete Missionierungen die Hälfte der Welt erobert. Buddhismus ist die von Buddha verkündete Heilslehre, die in einer Zeit entstand, in der sich gegen die Monopolstellung der Brahmanen kurz nach 600 v. Chr. eine Gegenbewegung bildete, die sich *Sankhya* nannte und sich von den starren und erstarrten Kulten des Brahmanismus frei machte. Aus altindischen Überlieferungen und aus den *Sankhya*-Lehren übernahm Buddha Begriffe wie Wiedergeburt und *Karma*. Viele Menschen aus allen Kasten übten sich nun in der Askese und zogen von zu Hause fort. So auch Siddhartha, der später zum Buddha, dem Erleuchteten, wurde.

Die buddhistische Heilslehre hat, beginnend in den zwanziger Jahren des 20. Jahrhunderts, auch in Europa Beachtung gefunden. Übersetzungen der bedeutenden buddhistischen Lehrtexte erschienen. Aber erst in den letzten Jahrzehnten des vergangenen Jahrhunderts hat der Buddhismus wirklich in der westlichen Welt Fuß gefasst. Buddhistische Klöster, sogar Universitäten, entstanden vor allem in den USA. Auch in Frankreich und Deutschland wurden Meditationszentren gegründet. Amerikaner und Europäer sind nach Asien gefahren, um dort den Buddhismus kennenzulernen. In einigen deutschen Städten gibt es inzwischen zahlreiche buddhistische Gruppen und Gemeinden. Was hat es zu bedeuten, dass Filme wie *Little Buddha, Kundun* oder *Living Buddha* eine große Anziehungskraft auf die Menschen ausüben und Hunderttausende ins Kino und vor den Bildschirm brachten? Warum werden Sterbende in westlichen Hospitälern mit dem *Tibetischen Totenbuch* auf dem letzten Weg begleitet? Ist das Ansehen unserer westlichen Religion geschwunden? Brauchen wir zur Bewältigung der Probleme unserer Zeit und der Zukunft auch die östliche Spiritualität? Hat nicht immer wieder der *Dalai Lama* den Zuhörern einen Weg gewiesen, ohne sie aufzufordern ihre eigene, westliche Religion zu verlassen? Sein Lächeln hat auf viele ansteckend gewirkt. Wir wundern uns heute nicht mehr, dass weltberühmte Professoren wie die Jesuitenpatres *Heinrich Dumoulin* oder *Hugo M. Enomiya-Lassalle*, die beide an der Sophia Universität Tokyo gelehrt haben, bedeutende Vermittler des Buddhismus waren. *Enomiya-Lassalle*, der asketische Religionsphilosoph, hat viele Bücher geschrieben, in denen er den *Zen*-Buddhismus mit christlicher Spiritualität zusammenbrachte. Ein Meditationswochenende mit diesem geistlichen Führer wurde für viele, auch für mich, zum unvergesslichen Erlebnis. Auch in deutschen Benediktinerklöstern fanden Begegnungen mit japanischen *Zen*-Mönchen statt. Benediktiner sind nach Japan gereist, um sich von der Geistigkeit und

Kultur des Buddhismus inspirieren zu lassen. Benediktiner und *Zen*-Mönche haben gemeinsam gebetet. In Kambodscha pflegen katholische Missionare Freundschaft mit Buddhisten, beten mit ihnen. In Indien hat der Benediktinerpater *Bede Griffith* östliche Rituale in die von ihm zelebrierte Messe aufgenommen. Der Buddhismus scheint Teil auch unserer Welt geworden zu sein. Wir müssen uns mit ihm beschäftigen, nicht weil er wie andere Religionen aggressiv Gläubige werben und Andersgläubige verfolgen würde, sondern weil die Botschaft von der Güte, von der friedfertigen Achtsamkeit fasziniert.

Wir leben in einer offenen Welt. Es scheint nahezu unmöglich, dass ein allein gültiges System von Lebens- und Verhaltensgrundsätzen anerkannt und befolgt wird. Wir leben in einer Informationsgesellschaft, die uns vorher nicht mögliche Einblicke in fremde, ferne Kulturen ermöglicht. Wir müssen zur Kenntnis nehmen, dass es auch im religiösen Bereich verschiedene Wege zum Heil gibt, dass andere Religionen neben unseren uns vertrauten Traditionen da sind, dass sie vielleicht auch für uns Schätze bereithalten.

Der historische Buddha

Was ist der Buddhismus? Er ist eine der ältesten Weltreligionen mit universalem Anspruch, entstanden vor zweieinhalb Jahrtausenden in Indien. Ich spreche von einer Weltreligion, auch wenn Religionswissenschaftler darüber streiten, ob der Buddhismus eine Religion, eine Philosophie oder beides ist. Er ist jedenfalls eine der bedeutendsten religiösen Lehren, auch wenn es in ihm keinen Gott gibt. Und der Buddhismus hat, wie das Christentum in Europa, auf dem asiatischen Weltteil einen bis in die Gegenwart unübersehbaren Einfluss auf die Kultur ausgeübt.

Der Buddhismus entstand in einer Welt, die von Göttern und Dämonen geradezu überbevölkert war, im indischen Hinduismus. Er geht zurück auf einen Menschen, der auf der Suche nach Wahrheit, nach dem letzten Grund war. *Siddhartha Gautama* stammt aus dem Kriegergeschlecht der *Sakyer.* Er wurde etwa 560 v. Chr. in Lumbini, nahe der Stadt Kapilavastu im mittleren Gangestal geboren, an der heutigen Grenze zwischen Indien und Nepal. Er wuchs als Fürstensohn in einer wohlhabenden Umgebung auf. Schon früh wurde er nach brahmanischem Brauch mit der Tochter eines Adeligen aus einer anderen *Sakyer*-Familie verheiratet. Ein Sohn wurde ihm geboren. Die Begegnung mit Alter, Krankheit und Tod ließ ihn zum Suchenden nach überweltlicher Unvergänglichkeit werden. Eines Tages kam er in die Stadt und sah dort einen gebrechlichen Alten, er sah die Schmerzen eines Kranken, sah, wie Menschen über den Tod eines Verwandten klagten. Mit einem Schlag ging ihm das ganze Elend menschlichen Daseins auf, und diese Erfahrung veränderte ihn. Ihm wurde bewusst, dass das menschliche Leben der Vergänglichkeit und dem Leiden unterworfen ist. Im Nachsinnen über die Vergänglichkeit wuchs in ihm der Wunsch, den Kreislauf von Leiden und Tod zu durchbrechen, einen Seinszustand zu finden, der die Vergänglichkeit und das damit verbundene Leid aufhebt. Er entschloss sich, das weltliche Wohlleben aufzugeben und in die *Hauslosigkeit* zu ziehen, das heißt, er verließ seine Frau und den kleinen Sohn und schloss sich einer der vielen Asketensekten an, die es damals in Indien gab und die bis heute das Bild dieses Kontinents mit prägen.

Es war nicht ungewöhnlich, dass junge Männer das Zuhause verließen und sich auf der Suche nach Erkenntnis geistlichen Lehrern anschlossen. Der Weg des *Siddhartha* also ist von Anfang an ein Vorbildweg. Und wer denkt, wenn er diese Geschichte hört, nicht an Jesus, der seine Jünger weggerufen hat aus Haus und Familie und der für die Nachfolge geradezu verlangt hat, dass sich die Jünger aus ihren bisherigen Beziehungen wie mit einem Ruck lösen sollten? Und auch *Franziskus* hat sich in einem radikalen Schnitt von seinem wohlhabenden Elternhaus getrennt und dem Elend und der Armut ins Gesicht geblickt. Prinz *Siddhartha* unterzog sich der strengen Askese, wählte zwei berühmte Yogalehrer als Meister, erkannte aber bald, dass ihn weder Askese noch die Belehrungen dem Ziel der Erleuchtung nahe brachten. Sieben Jahre lang hatte er sich den strengsten Übungen unterworfen und nicht erreicht, zur höchsten Erkenntnis zu gelangen. So gab er die Askese auf, zog sich in die Einsamkeit zur Meditation zurück. In einer Vollmondnacht, unter einem Feigenbaum am Fluss *Neranjara*, kam er zur vollkommenen Erkenntnis, zur Erleuchtung. Er wurde zum Buddha, zum Erleuchteten, zum *Buddha Shakyamuni,* dem Erlösten.

Er sieht den Weltlauf vor sich, das immerwährende Kreisen der Wesen in der Welt (*Samsara*), und ihm gehen die drei Merkmale alles Gewordenen auf: Vergänglichkeit, Leiden, Nicht-Ich. Er erkennt die Abfolge von Ursachen und Wirkungen (*Karma*). Er sieht im Durst nach Leben die Hauptursache allen Leidens. *Der Baum der Erleuchtung,* der *Bodhi*-Baum, wurde für die Buddhisten zum geheiligten Symbol. Der Tempel in *Bodh-Gaya,* hinter dem auf einer ummauerten Terrasse ein Abkömmling des *Bodhi*-Baumes steht, wurde zum Wallfahrtsort. Buddha durchwanderte nun 45 Jahre lang das nordöstliche Indien, er gewann Anhänger und verkündete seine Lehre. Im Laufe der Jahre schlossen sich Schüler und Lehrer zu Gemeinden, *Sanghas* genannt, zusammen, die sich eigene Regeln gaben und als äußeres Kennzeichen eine besondere Kleidung trugen. Buddha wurde zum Wegweiser auf dem Pfad zur Befreiung vom Leiden.

Buddha bedeutet in Sanskrit, nach der Verbalwurzel *budh-* (= erwachen), der »Erwachte«. Einer, dem der Name *Buddha* zuteil wurde, ist aus der Dunkelheit der Irrtümer zum Licht

Hölzerne Statue des Gautama Ninan-ji

erwacht, zum Licht der Erkenntnis, und zwar aus eigener Kraft, ohne einer Offenbarung oder irgendwelchen Studien gefolgt zu sein. *Shakyamuni, der Weise,* hat die vollkommene Erleuchtung erfahren. Im Anschauen der Welt, wie sie wirklich ist, ging ihm in einem Erkenntnisblick Wahrheit auf. Und es hat sich ihm gleichzeitig der Weg eröffnet, der zu dieser Wahrheit führt. Buddha ist weder Gott noch die Inkarnation eines Gottes, sondern Mensch wie die anderen Menschen auch. Der zum Buddha gewordene Menschensohn wollte aus Mitleid mit allen leidenden Wesen seine Erfahrung weitergeben. So begann er mit der *Predigt von Benares* eine jahrzehntelange Lehr- und Wandertätigkeit. Er verkündete seinen Gefährten und allen, die ihn hören wollten, den sogenannten *Mittleren Weg,* der zum buddhistischen Weg wurde. *Mittlerer Weg* deswegen, weil er zwischen den Extremen des Wohllebens und der Askese liegt. Ziel soll weder die diesseitige Orientierung, das Anhaften an den Sinnen, noch das Anhaften an der Selbstkasteiung sein.

Im Alter von achtzig Jahren wurde Buddha krank. Er wusste, dass er sterben würde. Ein *Pali-Sutra* berichtet von Buddhas Sterben: Buddha wandert mit seinen Jüngern nach Norden. Im Dorf Beluva will er zurückgezogen die drei Monate dauernde Regenzeit verbringen. Er erkrankt, wird aber wieder gesund und zieht mit seinen Jüngern nach Kushinagara. Unterwegs soll er sich durch ein Fleischgericht die Ruhr geholt haben. Er schleppt sich nach Kushinagara. Am Ufer eines Flusses, bei einem Gehölz, sagt er zu seinem Jünger *Ananda:* »Geh und mach mir zwischen zwei Zwillingsbäumen ein Lager, das Haupt nach Norden. Ich bin müde, *Ananda,* ich will mich niederlegen.« Obgleich es nicht die Zeit der Blüte war, waren beide Bäume über und über mit Blüten bedeckt. Und die Blüten regneten auf den sterbenden Buddha nieder, himmlische Weisen ertönten zu Ehren des Vollendeten. *Ananda* weinte, weil er sah, dass sein Meister ins *Nirvana* eingehen werde. Der aber sagte zu ihm: »*Ananda,* klage nicht. Von allem, was man liebt, von allem Erfreulichen muss man sich trennen. Wie könnte es sein, dass, was geboren, geworden, gestaltet und der Vergänglichkeit ausgeliefert ist, nicht verginge?« Und weiter sagte der Buddha: »Vielleicht denkt ihr, das Wort habe seinen Meister verloren, wir haben keinen Meister mehr. So sollt ihr nicht denken. Die Lehre, *Ananda,* und die Ordenszucht, die ich euch gelehrt und verkündet habe, sie ist euer Meister, wenn ich nicht mehr bin.« Seine letzten Worte waren: »Alles Gewordene ist vergänglich. Ihr aber bemüht euch ohne Unterlass.« Der Leichnam Buddhas wurde bei Sonnenaufgang verbrannt.

Die Lehren Buddhas haben sich vor allem in zwei Richtungen weiterentwickelt, im *Theravada-* und im *Mahayana-* Buddhismus. In Japan, in das der Buddhismus von Indien über China kam, wurde das Bild des *Shaka Noyorai,* das Bild des ersten Buddhas, zum Ausgangspunkt für alle späteren Buddhadarstellungen. Er ist der unter dem Baum Sitzende, der Erleuchtete.

Der Weg des Buddhismus – Die buddhistischen Richtungen

Die Lehre Buddhas drang in den ersten Jahrhunderten n. Chr. über den Nordwesten Indiens auf der Seidenstraße nach China vor, kam von dort über Korea auch nach Japan. Wie auch bei anderen Religionen haben sich unterschiedliche Richtungen entwickelt.

Der *Theravada*-Buddhismus

Der *Theravada-* (bzw. *Hinayana-*) Buddhismus ist heute in den Ländern Südostasiens, in Ceylon, Thailand und Birma verbreitet. Diese Richtung hat angeblich die ursprüngliche Lehre Buddhas am reinsten bewahrt. *Theravada* lehnt Rituale ab, betont die Befreiung des Individuums, welche durch Meditation und das Einhalten der Regeln zur Sittlichkeit erreicht wird. Der *Theravada*-Buddhismus, auch *Lehre der Ordensältesten* genannt, ist primär monastisch geprägt. Das Mönchtum orientierte sich an den drei Grundregeln Buddhas: Verzicht auf Eigentum, das Gebot des Nichtverletzens und die Einhaltung des Zölibats. Damit wurde eine eher elitäre, nicht auf die große Masse der Menschen zielende Richtung eingeschlagen.

Der *Mahayana*-Buddhismus

Der *Mahayana*-Buddhismus, auch Buddhismus des *Großen Fahrzeugs* genannt, ist vor allem in China, Vietnam, ganz Ostasien sowie in Tibet und in der Mongolei verbreitet. Man nennt ihn auch den *Nördlichen Buddhismus*. *Mahayana* führt die buddhistische Lehre von der Substanzlosigkeit aller Daseinsfaktoren weiter. Das innerste Wesen dieser Daseinsfaktoren ist die sogenannte *Leerheit*. Und in diesem Zusammenhang erscheint das *Nirvana* nicht nur als Zustand des Verloschenseins wie im ursprünglichen Buddhismus, sondern als Zustand des Daseins, als Möglichkeit des Daseins. Die *Leerheit* enthält den Keim, ist Keim der Buddhaschaft. Der Bezeichnung *Mahayana* ging die Bezeichnung *Bodhisattvayana* voraus. Die Buddhaschaft selbst ist immer gleichförmig. Indem andere bei der Verwirklichung ihrer Buddhaschaft unterstützt werden, verwirklicht sich der Unterstützende selbst. So taucht das Ideal des *Bodhisattva* auf. Er schiebt das endgültige Verlöschen hinaus, um sich mitleidend den Wesen zuzuwenden und ihnen auf dem Weg zur Buddhaschaft zu helfen. Wesentliche Grundlage des *Mahayana* wurde das große Lehrbuch von der vollkommenen Erkenntnis, das im 2. Jahrhundert n. Chr. von dem indischen Philosophen *Nagarjuna* verfasst wurde. Es verkündet die *Leere der Mitte*. In dem nicht-dualistischen Konzept wird Leere als Anfang und Ende des Seins betrachtet.

Tibetischer Buddhismus

Die Ur-Religion Tibets, der *Bon*-Glaube, war eine archaische, schamanistische Religion. Dämonen und Geister spielen in ihr eine große Rolle. Als der Buddhismus nach Tibet kam, konnte er diese Religion nicht einfach auslöschen, aber er durchdrang sie und band z. B. die Totenkulte in die neue Lehre ein. Der tibetische Buddhismus erhielt durch die Könige *Song Tsen Gampo* und *Thri Song Detsen* Unterstützung. König *Thri Song Detsen* rief in der zweiten Hälfte des 8. Jahrhunderts die indischen Weisen *Santaraksita* und *Padmasambhava* ins Land. *Padmasambhava* integrierte Elemente der alten Bon-Religion in die buddhistische Lehre und Praxis. Um 1200 begann die Wandlung Tibets vom weltlichen Staat in einen Priesterstaat. Riesige Klöster entstanden in den folgenden Jahrhunderten. Ebenso entstand die Tradition, die *Dalai Lamas* als Inkarnationen Buddhas anzusehen und zu verehren. Der wichtigste *Bodhisattva* Tibets ist *Avalokiteshvara*, die Emanation des Buddha *Amitaba*. Seine Haupttugenden sind Mitleid und Güte. Viele altindische oder tibetische Götter sind in die symbolische Götterwelt des tibetischen tantrischen Buddhismus eingegangen. Auch das *Tibetische Totenbuch* ist von tantrischen, magischen Vorstellungen durchdrungen. In der Person des *Dalai Lama* und im *Tibetischen Totenbuch* ist der tibetische Buddhismus im Westen heute besonders präsent. Die Verehrung von Menschen als Verkörperung von *Bodhisattvas* wird im tibetischen Lamaismus praktiziert. Der derzeitige *Dalai Lama* ist die 14. Verkörperung des *Bodhisattva Avalokiteshvara*. Die chinesischen Kommunisten haben in der sogenannten Kulturrevolution die buddhistischen Mönche verfolgt und vertrieben, gefoltert, ermordet und viele Klöster zerstört. Auch der *Dalai Lama* musste ins Exil gehen und versucht noch immer zu einer friedlichen Lösung des Konflikts mit den Chinesen zu kommen.

Das Tibetische Totenbuch

Ein Führer auf dem Weg der Befreiung vom Leiden ist das berühmte *Tibetische Totenbuch*, das eigentlich Lebensbuch genannt werden müsste. Es schildert die Phasen des Sterbeprozesses und ist weder ein Buch für die Toten noch über die Gestorbenen, sondern ein Weisheitstext, ein Übungsbuch, in dem sich – wie in der mittelalterlichen *ars moriendi* – der Mensch mit der universellen Erfahrung des Todes auseinandersetzt. In allen Epochen und Religionen haben Menschen sich mit dem Tod als der mächtigsten Herausforderung konfrontiert gesehen und über die Vergänglichkeit nachgedacht. Unsere medizinischen Fortschritte haben das Unvermeidliche nur hinausgeschoben. Am Fuße des Himalajas finden wir eine Auffassung von Sterben und Tod, die aus unserer, an die Allmacht der Wissenschaft glaubenden Gesellschaft scheinbar vertrieben worden ist.

Das Totenbuch schildert die Phasen des Sterbeprozesses und beschreibt die Befreiung im Zwischenzustand, in dem wir uns befinden, wenn das Sterben einsetzt. Dabei geht es um die Möglichkeiten der Selbsterlösung in den aufeinander folgenden Zwischenzuständen. Auf Tibetisch heißt das Totenbuch *Bar-do Thos grol* (sprich: *bardo thödröl*), es bedeutet *Große Befreiung durch Hören im Bardo*. *Bardo* meint Übergang, die Spanne bzw. die Lücke zwischen einem Ende und dem Neubeginn, eine Phase der Unsicherheit. Mit *Bardo* ist nicht nur

der Schwebezustand nach dem Tod, sondern auch der Schwebezustand im Leben gemeint. Tod als Teil des Lebens. *Bardo* zu
erfahren, ist Lebenserfahrung. Der tibetische Buddhismus ist
überzeugt, dass wir ständig Geburt und Tod erfahren. Und so
vollzieht sich unsere Existenz in den Zyklen von Geburt, Tod
und Wiedergeburt. Im *Bardo* wird eine Grunderfahrung, die
Erfahrung des Lichtes, beschrieben. Wir erfahren das Licht im
täglichen Leben, besonders intensiv aber in den Momenten
des Sterbens, die so zu Augenblicken der Verzückung werden.
Es heißt, zwischen dem *Bardo* des Sterbens und dem des
Wachens gebe es den besonderen Zustand der *Lichtheit,* der
Lichtung. Die wichtigste Botschaft des tibetischen Weisheitsbuches ist auch ein Beitrag zur Kultur: Wenn wir auf das Sterben vorbereitet sind, wenn wir uns beim Sterben von den
heiligen Texten begleiten lassen, wird der Tod zur Hoffnung.
Auf uns wartet eine große Freiheit. Tod ist nicht das Ende, ist
nicht Niederlage, sondern krönender Abschluss des Lebens.
Der Prozess des Sterbens bis zum Eintritt der Wiedergeburt als
Ablösungsvorgang kann bis zu 49 Tage dauern, und so lange
werden dem Verstorbenen Weisheitstexte vorgelesen.

Sterben ist nach den Lehren des tibetischen Buddhismus
die sukzessive Ablösung des geistigen Körpers vom materiellen. Der Tod wird so zur Trennung des Bewusstseins vom
Grobstofflichen. Von den sechs Zuständen, den *Bardos,* erfahren wir drei im Leben, den Prozess der Geburt, den des Traumes und den der Meditation. Die *Bardos* des Sterbens sind: der
Moment vor dem Tod, die Erfahrung des klaren Lichtes und
die des neuen Werdens, der Wiedergeburt. Die Begegnung mit
Schmerz und Tod kann zu einer Tür zum Erwachen werden
und zu einer Möglichkeit, die ganze Einstellung zum Leben
zu ändern. Die Annahme der Sterblichkeit verschafft überwältigende Gelassenheit, Offenheit. Man kann bei jeder Gelegenheit über den Tod nachdenken, auch dann, wenn man
besonders glücklich ist. Sich der Vergänglichkeit zu stellen

bedeutet, das verbissene, klammernde Festhalten an den irdischen Dingen zu überwinden.

Das Totenbuch gibt e i n e , natürlich nicht d i e Antwort auf die ewige Frage: Woher kommen wir, wohin gehen wir? Es lehrt, dass wir Geburt und Tod ständig erfahren. Leben und Tod sind ein Ganzes. Und mit dem Tod beginnt das Leben neu. Der Tod ist kein Ende. Im klaren Licht, das die letzte Essenz ist, erscheint der Grund der Wirklichkeit. »Höre unbeirrt zu. Der Tod geschieht allen Lebewesen. Du bist nicht das einzige, das diese Welt verlassen muss. Halte dich nicht an ihr fest. Und sogar, wenn du dich anklammerst, wenn die Verhaftungen bestehen bleiben, wirst du nicht in dieser Welt bleiben können.«

Der Buddhismus in Ostasien –
Amida- und *Zen*-Buddhismus in Japan

Der *Mahayana*-Buddhismus breitete sich von Indien kommend in Ostasien und in Japan aus. 552 gelangte der Buddhismus nach Japan und bildete sich dort in den *Amitabha*-Schulen und im *Zen*-Buddhismus aus. Im *Mahayana*-Buddhismus sind schon Formen der Vergöttlichung der Buddhawesen angelegt. Das heißt, *Bodhisattvas* und Buddhas werden zu transzendenten Wesen, die schließlich kultisch verehrt werden. So wird der *Amida*-Buddha, der Herrscher über das *Paradies des reinen Landes,* wie ein Gott angerufen und als Heilshelfer verehrt. Im *Amida*-Buddhismus genügt es schließlich, den *Amida*-Buddha anzurufen. Um erlöst zu werden, genügt es, die Formel *namu-Amida-butsu* (»*Verehrung sei dem Buddha*«) auszusprechen. Im Gegensatz zum eher düster gestimmten tibetischen Buddhismus, zu den immer wiederkehrenden Ausrichtungen auf den Tod, hat sich in Japan ein beinahe fröhlicher Buddhismus entwickelt, der seinen Niederschlag auch in der Kultur gefunden hat. In Japan standen den Gläubigen immer die *Bodhisattvas* zur Seite, die nach vielen glücklichen Inkarnationen bereit waren, einen Teil der empfangenen Gnade weiterzugeben. Gottheiten wie die Muttergöttin *Kwannon* oder *Jizo,* eine Gottheit der Zärtlichkeit und Mitsorge, reichten den Gläubigen die Hände. Die Übungen des *Zen* boten eine entspannende Versenkung an, und in den Gärten konnte man schon einen Abglanz des *Paradieses des reinen Landes* genießen.

Gesichter Buddhas in Japan

Das Gesicht eines Buddha. Ein Blick, in dem sich Freiheit von Leiden und Gelassenheit ausdrücken. Ein Gesicht im Zustand nach der Überwindung aller Leiden dieser Welt. Ein gelöstes Gesicht, geprägt von verstehender, mitfühlender Güte. Der geschichtliche Buddha lebt im Bewusstsein seiner Jünger als die außerordentliche Verkörperung des Erbarmens. Immer wieder haben Künstler versucht, den Ausdruck des Erlöstseins und Erbarmens zu gestalten. Der Buddha leidet mit allen Leidenden, und er hat das Leiden überwunden. Er strahlt die erbarmende Güte aus. Im ältesten buddhistischen Text, dem *Pali-Kanon*, wird der Wunsch ausgesprochen, dass allen Güte zuteil werden möge: »Alle Wesen sollen glücklich sein! Sie sollen in Sicherheit leben, frei von Angst und Bedrohung. Alle Wesen, seien sie stark oder schwach, groß oder klein, sichtbar oder unsichtbar, schon geboren oder nicht geboren, sie alle sollen sich wohlfühlen und glücklich sein. Was immer es an weltlichen, verdienstvollen Dingen gibt, sie sind nichts wert, verglichen mit der erlösenden Allgüte. Sie überstrahlt alles. Es leuchtet die erlösende Allgüte.«

Der *Amida-Buddha* im *Byodo-in*, in der Phönix-Halle in Uji, einem zwischen Kioto und Nara gelegenen Ort. Er sitzt mit ineinander gelegten Händen auf dem Lotossitz, auf dem Lotosthron. Er sitzt da in der gelassen aufrechten Meditationshaltung. In dieser Haltung wird keine Macht ausgeübt, aber das In-sich-Ruhen, das innere Dasein ist mächtig. Ohne Zwang ist alles offen, geöffnet und zugleich geheimnisvoll versammelt, gesammelt. Der Buddha ist der einzigartig Zu-sich-Gekommene. Es gebe nicht das Ich, sagte Buddha, es gebe nur das Eine, und dieses könne nicht erdacht, nicht erzwungen werden. Es ist da. Der Buddha nimmt sich selbst in einer tiefen, das Erklärbare übersteigenden Weise wahr und an und wird zugleich allen Seins inne. »Das Eine selbst ist alle Dinge, und alle Dinge sind eins.« Er erfährt die Einheit als Ursprung. Und diese Erfahrung ist immer mit Freude und Frieden, mit Gelöstheit und der Befreiung von Furcht verbunden.

Mein Team hat die Erlaubnis bekommen, für Fernsehaufnahmen eine ganze Nacht lang im *Byodo-in* zu verbringen. Die vielen Tempelbesucher und Touristen, die am Tag die Anlage bei der Phönix-Halle bevölkerten, haben sich auf den Heimweg gemacht. Wir sind die einzigen Gäste, die stundenlang dem goldenen, sitzenden Buddha gegenüber sein dürfen. Wir haben zusätzliche Lampen auf die große Statue gerichtet, und nun glänzt das Gold geradezu überirdisch.

Der Buddha schaut durch das Holzgitter aus dem Gebäude heraus und spiegelt sich in der Dämmerung und Nacht im Teich vor dem Gebäude. Dieses zweiflügelige Gebäude nimmt einem den Atem, wenn man sich ihm nähert. Es ist, als habe es sich mit seinen Schwingen gerade aus dem Himmel herabgelassen. Phönix, der König der Vögel, hat *Amida*-Buddha in die Welt getragen. Der *Byodo-in* war ursprünglich ein privater Tempel der *Fujiwara*-Dynastie. Sieben Pagoden und 22 andere Gebäude gehörten zu ihm. Doch nur die Phönix-Halle hat wie durch ein Wunder überlebt und ist in den Besitz der *Tendai*-Sekte gekommen.

Es ist Abend geworden im Garten und am Teich vor der Halle. Die Stille breitet sich über dem stummen, dunklen Wasser aus. Die Stille ist in den leisen Windbewegungen der Blätter. Sie ist im offenen Himmel, der sich über und hinter der Phönix-Halle auftut, der über ihr in zarten Farbschattie-

rungen das Licht des Tages ausatmet, verebben lässt. Stille der
Bewegung, nichts Totes. Die Hände des *Amida*-Buddha. In-
einander-zueinander gelegte Hände, sich berührende Finger
und Fingerspitzen. Nicht zufällig zueinander gebracht. Hände
in einer strengen und zugleich entspannten Haltung. Die im
Schoß gefalteten Hände: uralte, schon im Hinduismus bekannte Geste der Meditation. Hände, in die sich Haltung und
Bewegung des Körpers konzentriert haben. Hände, die den
Strom des inneren Lebens leiten. Im Gebet sich begegnende
Hände. Mit ihnen und in ihnen wird Stille empfangen, wird
die Fülle der einsgewordenen Erkenntnis gehalten. Auch in
den Händen drückt sich der von Mitleid und Mitfreude erfüllte Geist aus, ein Geist, der weit und entfaltet, in Güte gesammelt und frei von Groll und bösen Absichten ist.

Ein *Miroku Butsu*, ein *Bodhisattva Miroku*. Der Name
kommt aus dem *Sanskrit* und bedeutet: Einer, der aus Liebe
und dem Mitleiden geboren ist. Sein Meister versprach ihm,
dass er eines Tages das *Nirvana* erreichen werde. Der *Miroku
Butsu* ist der Buddha der Zukunft, er sitzt in einem der buddhistischen Paradiese und wartet auf die Zeit seiner Wiedergeburt. Im Buddhismus wird gelehrt, dass der *Miroku* viertau-
send himmlische und 584 Millionen irdische Jahre nach dem
Nirwana Buddhas wiederkehren wird, um alle Menschen auf
den rechten Weg zu führen und um selbst endgültig in das
Nirwana einzugehen. In der *Miroku*-Statue aus dem *Koryu-ji*
bei Kioto, einer Holzfigur, die in der Mitte des siebten Jahrhunderts entstand, sind Ruhe und Schönheit des vollkommenen Menschen Gestalt geworden. Der sitzend meditierende
Miroku aus dem *Chugu-ji* ist der Buddha der Barmherzigkeit.
Der Künstler zeigt ihn im halben Lotossitz, ein Bein über das
andere geschlagen, die Hand am Kinn, den Oberkörper unbe-
kleidet. Die sinnende Haltung des *Miroku*: Zeichen des Nach-
denkens darüber, wie er seine Liebe, seine Barmherzigkeit
allen Wesen zuwenden kann. In den *Miroku*-Statuen der soge-

nannten *Asuka*-Periode ist Buddha in seiner zartesten Gestalt
vergegenwärtigt. Der schmale Körper, das leise lächelnde, meditierende Gesicht, die weich an die Wange und an den Fuß
gelegten Hände: Alles ist in die Stärke des Sanftmuts gefasst.
Der ganze Körper ist erfüllt von der Wärme des Lebens, von
der Innigkeit eines wunderbar klaren Gefühls.

Ein *Bodhisattva,* ein Erleuchtungswesen auf dem Weg. Ein
Wesen, das aus dem Wunsch des Mitleidens heraus darauf ver-
zichtet, in das *Nirvana* einzugehen, um denen, die noch leiden,
zu helfen. Der *Bodhisattva Avalokiteshvara*, im Japanischen *Kan-
non,* ist eine Verkörperung des *Bodhisattva*-Ideals. Durch die
Kraft des Mitleidens flößt diese Gestalt Verehrung ein. Und
sie ist weniger ein männliches als ein weibliches Prinzip, eine
Verkörperung, die beide Geschlechter enthält. Sie hat die
Erleuchtung erlangt, aber hat auch beschlossen, im Kreis des
Geborenwerdens und Sterbens zu bleiben, um anderen zur
Erleuchtung und Erlösung zu verhelfen.

Der Kopf des *Yakushi Nyorai* aus dem *Kofuku-ji* in Nara.
Ein Blick aus halb geschlossenen Augen. Augen, die nach
innen und nach außen blicken. Nichts soll ausgeschlossen,
verdunkelt, verschwommen sein. In der Meditation sind die
Augen nicht geschlossen, sondern nur leicht gesenkt. Die Sinne sollen nicht stumpf werden. Kein Dahindämmern. Der chinesische Kaiser *Wu Ti* fragte einst *Bodhidharma*: »Welches ist
der höchste Sinn der heiligen Wahrheit?« *Bodhidharma* antwortete: »Offene Weite – nichts von heilig.« Nach buddhistischer Auffassung hat der *Yakushi Nyori* zwölf heilige Verspre-
chungen gemacht. In seiner siebenten Versprechung heißt es,
er werde die Menschen von ihren Krankheiten befreien und
auch die Verwirrungen des Geistes vertreiben. Der entwirrte,
der loslassende Geist gewinnt die Klarheit der Erleuchtung.

Im *Todai-ji* in Nara. In der ältesten Hauptstadt Japans. Im
Halbdunkel der großen Holzhalle erhebt sich die mächtige
Buddhafigur. Von oben blickt der Buddha, der *Dainichi Nyorai,*

auf die Menschen, die täglich an ihm vorbeiziehen. Die Bron-
ze-Statue ist 15 Meter hoch und wurde im Jahre 743 in Auftrag gegeben. Ein koreanischer Künstler schuf sie. Die heute
in der Halle stehende Statue ist eine Wiederherstellung aus
dem späten 17. Jahrhundert, da die ursprüngliche im Laufe der
Jahrhunderte stark beschädigt worden war.

Die erste *Mahayana-Sutra* beschreibt den Buddha, wie er auf
einem Lotos sitzt, umgeben von tausend *Shakas,* kleinen Buddhas, die alle ebenfalls auf einem Lotos thronen. In der Kolos-
salstatue ist die transzendente, alles übersteigende Dimension
der Erleuchtung Buddhas symbolisiert. Der Mensch wird darauf hingewiesen, wie übermächtig, gewaltig, wie erhaben der
Erleuchtete und durch ihn die Erleuchtung selbst ist. Gleiches
ist gemeint mit der symbolischen Zahl der tausend kleinen
Buddhas. Überall ist der Buddha gegenwärtig. Vervielfältigt
im wiederkehrenden Lächeln zeigt er, dass allen Erleuchtung
zugedacht ist. Die Hände des Buddha. Die rechte Hand ist
erhoben. Groß ist sie und offen allen gegenüber. Die Hand
sagt: Fürchte dich nicht. Seht, ich habe keine Waffe, meine
Hand ist offen. Die Hand zeigt Friedfertigkeit an, sie gebietet
aber auch Ehrfurcht. Die linke Hand ist auf das Knie gelegt.
Sie ist empfangend, einladend geöffnet. Ein Gedicht der
Sammlung des Meisters *Sosan* sagt:
>»Halten wir alle Bewegung an,
> so wird unser Geist ruhig,
> und aus dieser Ruhe
> kommt wieder Bewegung.«

In der Haltung des Buddha liegt Ruhe und Bewegung. Bewegung aus der Ruhe heraus.

Za-zen. Sitzen in der Haltung des Buddha. Dieses Sitzen ist
Übung, über Jahrhunderte hin als Disziplin, als besondere

Form der Meditation geübt. Im *Pali-Kanon* heißt es über diese Haltung: »Da, ihr Mönche, hat sich der Mönch in den Wald begeben oder an den Fuß eines Baumes oder in ein leeres Haus, und er setzt sich dort nieder. Und mit kreuzweise untergeschlagenen Beinen, den Körper gerade aufgerichtet, die Achtsamkeit vor sich geheftet, atmet er achtsam ein, atmet er achtsam aus.« Und Meister *Dogen* hat im 13. Jahrhundert seinen Schülern gesagt: »Den Körper und Geist halte ruhig. Lass weder gute noch schlechte Gedanken durch das Hirn wandern. Lockere dein Gewand. Richte dich auf. Leg die rechte unter die linke Hand. Wenn du mit der Meditation, dem Sitzen beginnst, stimme Körper und Geist durch einen tiefen Atemzug ein.« Aus der Stille und der Ruhe entsteht die Achtsamkeit. Die achtsame Sammlung auf Ein- und Ausatmen wird als friedvoller, glückseliger Zustand beschrieben. Der Meditierende ist frei von Müdigkeit und Verwirrung. Jeder Augenblick, alles, was geschieht, verwirklicht die Buddhaschaft. Weder Mittel noch Zweck bedeuten etwas. Der Zweck ist das Jetzt, der Augenblick.

Zen ist die Übersetzung des indischen Sanskritwortes für Meditation. Und so ist das Leben jener, die den Weg des *Zen* beschritten haben, ohne die Meditation nicht denkbar. Meditation, das bedeutet ein bewusstes Innehalten im Ablauf des alltäglichen Lebens. Sie ist die wiederholte Übung, in der Körper und Geist gleichermaßen wach und entspannt sind. Alle großen Kulturen und Religionen ordneten die Tage und auch die Nacht für jene, die sich zu einem asketischen Leben entschlossen hatten, in bestimmte Betrachtungs- und Meditationszeiten. Zur *Zen*-Meditation gehört das Aufschließen der Sinne, gehört jene konzentrierte Überwachheit und Gelöstheit, die es verbieten, sich zusammensinken, fallen zu lassen in ein Dahindösen. Die Sinne erkennen, was vor ihnen ist. Die Augen bleiben offen, ein wenig gesenkt. Immer wieder muss dieses Sitzen geübt werden, die Konzentration. Denn Medi-

Der Daibutsu, die große Buddha-Statue im Todai-ji in Nara

tieren in diesem Sinne bedeutet, sich selbst und in sich das
Ganze der Welt zu vernehmen, ohne in ihr verhaftet zu sein.
Die Welt, das heißt aber auch: die ihr innewohnende Trans-
zendenz. Im Anschauen des großen Buddha im *Todai-ji* oder
wenn man die Möglichkeit erhält, in einem Kloster einer
nächtlichen *Zen*-Meditation der Mönche beizuwohnen, spürt
man die Kraft, die von diesem gesammelten Sitzen ausgeht.

In Usuki, auf der Insel Kyushu, der südlichsten der vier
großen japanischen Inseln. Kyushu, die Insel, auf der die japanische Geschichte begann. Hier wurden frühe Spuren
menschlicher Siedlungen gefunden. In Usuki befindet sich ein
Buddhaheiligtum. Mehr als 60 Buddhafiguren sind dort aus
Stein gehauen worden. In einer stillen, ländlichen Umgebung
stehen die in der *Kamakura*-Zeit, im 11.–13. Jahrhundert, entstandenen Skulpturen. Sie sind in die Landschaft eingebunden, eingewachsen in die mit dichtem Wald bedeckten Hänge.

Die Statue des *Amida-Buddha* und der Kopf des *Dainichi
Nyorai* sind die berühmtesten und eindrucksvollsten Kunstwerke von Usuki. Der Kopf des Buddha gehörte zu einer Statue, ist von ihr abgebrochen und steht heute majestätisch auf
einer Bodenplatte. Er bildet die Mitte von 13 anderen Skulpturen in einer der Felsnischen. Die Felsen, die umgebende
Pflanzenwelt, alles lebt im Da-Sein dieser Figuren. Hier, der
ganze Kosmos; jetzt, die Ewigkeit: So soll das Bewusstsein im
Za-zen entstehen. »Fragt mich jemand, was der Buddha ist,
antworte ich ihm: Wie das Eis im Feuer«, sagte Meister *Dogen*.

Ein stiller Morgen. Die leichten Nebel haben sich verzo-
gen, aus dem Bambuswäldchen sind Vogelstimmen zu hören.
Auf der Insel Kyushu, in der Nähe der Stadt Ogi-machi. Ein
aufsteigender Weg führt zu einem Tempel. Viele kleine Statuen
säumen den Weg. Sie wurden von Pilgern gestiftet, von Menschen, die ihrer persönlichen Not und ihrer Zuwendung zu
Buddha Ausdruck verleihen wollten. Schon hat die Natur die
Steingesichter in Besitz genommen. Flechten wachsen auf den

Gesichtern, den gefalteten Händen. Schlingpflanzen wuchern
über den Stein, über die Lotossitze, über die verwitterten
Gesichter. *Bodhisattvas* am Weg, abgewittert in Jahrhunderten,
vom Wachs der Kerzen betropft. Eine Figur, die auffällt. Sie
trägt ein Kind im Arm. Liebende Zuwendung des Erleuchteten zu einem kleinen, schwachen Wesen. Ein Bild, so könnte
man es interpretieren, das über den buddhistischen Kultur-
kreis hinausweist. Zärtlichkeit und Geschütztsein, Ruhe und
Stille des Liebhabens und Geliebtwerdens.

Buddhas, *Bodhisattvas*, Wesen und Wächter, in Meditation
versunkene, von Askese gezeichnete Mönche. Bildnisse aus
Stein, Bronze oder Holz. Im *Zen*-Buddhismus sind sie Stücke
aus Stein, Metall oder Holz, bedeuten nicht mehr und nicht
weniger als das Ungeformte. *Zen* sagt: »Verrichte deine An-
dacht, dein Gebet vor einer Blume, vor einem Stein, es kommt
auf das Gleiche hinaus, wie wenn du dich vor einer Buddha-
statue verneigst.« Entscheidend ist der Geist des Menschen,
seine innere Reinheit. Und so kommt es darauf an, in die
wahre Natur des eigenen Geistes einzudringen. Im *Zen*-Bud-
dhismus soll ein geistiges Auge aufgehen. Der erleuchtete
Mensch gewinnt die Freiheit des Geistes. Aber die Erleuchtung dieses Menschen soll so selbstverständlich sein wie das
Fliegen des Vogels in der Luft, wie das Schwimmen des Fisches
im Wasser. Der *Zen*-Meister *Suzuki* sagt: »*Zen* ist die Luft. *Zen*
ist das Gebirge. *Zen* ist Donner und Blitz, Frühlingsblume,
Sommerhitze und Winterschnee, ja, mehr als das, *Zen* ist der
Mensch. Was immer *Zen* sein mag, es gehört dem praktischen
und gewöhnlichen Leben an und ist gleichzeitig höchst lebendig.«

In Kamakura. Im Tempelbezirk der Provinzstadt im Freien die
gewaltige Buddhastatue. Sie entstand zwischen 1252 und
1255. Ein Mönch brachte es fertig, dass nicht Kaiser oder
Herrscher die Errichtung der Statue bezahlten, sondern das

Volk. Der *Buddha von Kamakura*, der *Herr des westlichen Para-dieses*, er repräsentiert die über allem thronende, alles über-strahlende Erleuchtung. Sein Haupt reicht in den Himmel, er berührt gleichsam die Wolken, spürt auf seinen Wangen Regen und Wind, erfährt Licht und Dunkelheit. Sein Gesicht strahlt in mitleidender Ruhe. Die Jahrhunderte haben der Bronzestatue die Patina gegeben. Immer wieder, nicht nur bei Fernsehaufnahmen, habe ich diesen Buddha besucht und ein-fach seine Mächtigkeit und Ruhe auf mich wirken lassen und dabei die vielen Menschen vergessen, die jeden Tag Kamakura und die Tempelanlage besuchen. In der Geste seiner Hände spricht das Zeichen. Ein Zeigefinger berührt den Daumen. Daumen und Zeigefinger bilden einen Kreis, die vollkom-mene Figur, das vollkommene Zeichen. Der Kreis hat keinen Anfang und kein Ende. So entspricht der Kreis dem Gesetz des Buddha, einem ewigen, unaufhörlichen, vollkommenen Gesetz, das in der Erkenntnis der *Vier Edlen Wahrheiten*, der ewigen Wiederkehr beruht.

Alle Treppen, alle Wege führen über einen kleinen Tempel zum *Tamasudare*-Wasserfall in Ogi-machi. Aus der Höhe stürzt, schießt, stäubt das Wasser in das Becken, in dem seit unzähligen Generationen Menschen baden und sich reinigen lassen vom Wasser. Es kühlt die tropische Schwüle, die schon am Morgen aufsteigt. Vor dem Wasserfall, auf einem Felsen, die Buddhastatue. Auch sie wird gelegentlich von den stürzenden Wasserschleiern berührt. Ein Wallfahrtsort, ein uralter Reini-gungsort, ein Platz, an dem man das Geheimnis der Elemente und das Geheimnis des Geistigen spürt und die Verbindung mit der Erleuchtung des Buddha. Wasser aus der Höhe, das den Körper umspült, das mit voller Kraft den Rücken trifft, dessen kühlende Stärke in den Körper eindringt, ihn nicht nur äußerlich reinigt. Unter dem Wasserfall, im Tosen des stürzen-den Wassers: die Stille des In-sich-gesammelt-Seins.

Lerne den Boden zu putzen

In den Tempelbezirken um Kioto, der alten Kaiserstadt. Wenn das sanfte Licht des Herbstes die Baumstämme entlangwandert, über die Dächer, Holzwände, Wege und Mauern gleitet und Blätter rot und golden leuchten lässt, spürt man, dass trotz einer sichtlich nicht aufzuhaltenden Industrialisierung in Japan eine naturverbundene Spiritualität lebendig geblieben ist. Noch behauptet sie sich gegen die fortschreitende Verwestlichung, gegen die McDonaldisierung und Burger-Kingisierung des Landes.

Im Wald vor einem Holztempelchen: ein flacher Stein. Auf ihm ist Buddhas Fußabdruck zu sehen. Ein heiliges Zeichen. Es ist Hinweis darauf, dass der Weg des Erleuchteten Spuren in der Natur und im Alltag hinterlässt. Der Fußabdruck ist nichts besonders Hervorgehobenes, kein großartiges Denkmal. Und auch das Tempelchen liegt abseits der großen Gebäude. Nur wenige Besucher, Spaziergänger kommen hier vorbei.

Während der Schintoismus, die ursprüngliche japanische Religion, eine innerjapanische Angelegenheit geblieben ist, haben die verschiedenen Ausprägungen des Buddhismus, haben Spiritualität und Kultur insbesondere der *Zen*-Schulen als unverwechselbares Geschenk Japans an die Welt Beachtung gefunden. Doch in Japan selbst ist der Buddhismus nicht einfach mit *Zen* gleichzusetzen, und viele der in den Klöstern ausgeübten Rituale und strengen Vorschriften finden im täglichen Leben wenig Beachtung.

Aber immer schon war die spirituelle Entwicklung Japans gekennzeichnet durch eine allgemeine Tendenz, durch Abgren-
zung der Schulen voneinander und auch durch Vermischun-
gen und Beeinflussungen.

Während die *Zen*-Schulen in Amerika und in Europa große Beachtung erfahren haben, sind die breiter im Volk veran-
kerten Schulen der *Jodo*- oder der *Amida*-Richtung in Europa
kaum bekannt.

Der japanische Buddhismus ist nicht mit dem *Zen*-Bud-
dhismus gleichzusetzen, die *Shingon*-, *Tendai*- und *Nichiren*-
Schulen müssten gesondert betrachtet werden, und auch im
Zen-Buddhismus wäre zum Beispiel die *Rinzai*-Sekte von der
Soto-Schule zu unterscheiden Und immer gehen die unterschiedlichen Richtungen oder Schulen auf bestimmte Meister
zurück. Und diese Meister haben je unterschiedliche Wege
und Formen bei der Verwirklichung des buddhistischen Ideals
gesucht und in ihren Schulen empfohlen. Doch wenn es um
die Begegnungen mit der Kultur der Achtsamkeit und um die
Begegnungen mit solchen Traditionen geht, die auch den in
der westlichen Kultur Aufgewachsenen etwas zu geben vermögen, dann dürfen die Unterschiede vielleicht zugunsten
der »erhellenden« Augenblicke, der unmittelbaren Erfahrungen, zurücktreten.

Der *Tofuku-ji* gehört zur *Rinzai*-Schule des *Zen*, die von
dem Mönch *Eisai* von China nach Japan gebracht wurde.
Keido Fukushima, der Abt des Klosters, ist ein berühmter *Zen*-
Meister, der auch internationale Verbindungen pflegt, aber
doch streng darauf achtet, dass das Leben der Mönche im
Kloster nicht vermarktet, nicht zur Touristenattraktion gemacht wird. Erst nach mehreren, über einige Jahre sich hinzie-
henden Versuchen war er bereit, mich, den Gast aus Europa, an
einer der Meditationen teilnehmen zu lassen und im Gespräch
die Praxis des *Zen* im *Rinzai*-Tempel zu erläutern. Auf einen
Fächer, den er dem Gast als Geschenk übergibt, hat er ein

Gedicht geschrieben. Es spricht von der Erleuchtung, von *Satori* als einem alltäglichen Ereignis:
»Die alte Kiefer spricht von der Weisheit des Satori,
der stille Vogel wispert Satori.«

Das Geheimnis der Erleuchtung erfährt man also nicht durch große geistige Anstrengungen, sondern dort, wo man es nicht erwartet, im Streichen des Windes durch die Zweige einer Kiefer, in der Ruhe eines verstummten und doch beredten Augenblicks, bei den alltäglichen Verrichtungen, beim Kochen oder beim Stehen im Verkehrsstau.

Und so ist auch die *Zen*-Meditation eine immer wieder zu übende Anstrengung. Der jedoch, der glaubt, er müsse nur lange genug dasitzen und sich konzentrieren, wird vergeblich darauf warten, dass die Erleuchtung gleichsam automatisch eintritt.

Abt *Keido Fukushima*, befragt zu einigen Grundtatsachen des Buddhismus, erläutert mir:
»Schon in Indien hat es zahlreiche Sekten gegeben, die man grob in zwei Richtungen einteilen kann; das sind *Mahayana* und *Hinayana*. Es ist allerdings besser, nicht von *Mahayana* und *Hinayana* zu sprechen, sondern vom nördlichen und südlichen Buddhismus. Der nördliche Buddhismus spaltete sich, als er nach China gekommen war, wiederum in verschiedene Sekten. Aber an der Essenz des Buddhismus hat sich nichts geändert. Jede Sekte drückt ihn anders aus. Schauen Sie, jeder Berg – wie auch der Hiei – bietet mehrere Aufstiegsmöglichkeiten, um den Gipfel zu erreichen. Für die zahlreichen Sekten, die es gibt, bleibt das Wesentliche dasselbe. Deshalb stört uns, als japanische buddhistische Mönche oder als chinesische buddhistische Mönche, das Vorhandensein verschiedener und zahlreicher Sekten nicht sonderlich. Der indische Buddhismus war ent-

sprechend der indischen Mentalität sehr philosophisch,
während sich der *Zen*-Buddhismus in China im Verlauf
seiner Verbreitung zu einer sehr praxisorientierten Lehre entwickelte und das Konkrete und das Lebensnahe
sehr achtete, was der chinesischen Mentalität entsprach.

Japan hat aber nicht nur den *Zen*-Buddhismus aus
China geholt. Fast alle Sekten, die es damals in China
gab, kamen nach Japan. Japan hat sich also nicht nur auf
den *Zen*-Buddhismus beschränkt.

Ich habe noch nie Europa besucht, um dort ein *Zen*-
Training zu leiten, wohl aber seit 1969 regelmäßig die
USA. Einer der entscheidenden Punkte scheint mir zu
sein, dass der *Zen*-Buddhismus etwas besitzt, was die
christliche Theologie nicht hat. Zum Beispiel würde in
der christlichen Religion niemals erlaubt sein, zu sagen,
dass jeder Mensch Gott werden könne. Aber der *Zen*-
Buddhismus betont, dass jeder Mensch durch Übungen
die Buddhaschaft erlangen kann. Dieser Punkt erweckt
meines Erachtens das besondere Interesse der westlichen Menschen für den *Zen*-Buddhismus als eine sehr
andere Religion. Der *Zen*-Buddhismus achtet das Leben besonders, weil allem auf der Erde das Buddha-
Wesen innewohnt. Alles hat die Fähigkeit, Buddha zu
werden. Das ist die grundlegende Idee des Buddhismus.
Es ist jedoch nicht so, dass sich ein Mensch nach theore-
tischer Auseinandersetzung einbilden kann, er habe die
Buddhaschaft erlangt. Der *Zen*-Buddhismus lehrt vielmehr, dass der Mensch danach streben muss, sein Buddhawesen durch tägliche Praxis zu beweisen. Insofern
kommen das ausgesprochen Konkrete und das Lebens-
orientierte vom *Zen*-Buddhismus. Da die Chinesen von
Natur aus sehr praxis- und lebensorientiert waren und
das Konkrete liebten, verbreitete sich der *Zen*-Bud-
dhismus nach der Gründung durch *Bodhidharma* (japa-

nisch *Daruma*) eben mit dieser Orientierung. Man kann deshalb sagen, dass der *Zen*-Buddhismus von Anfang an das tägliche Leben sehr hoch bewertet hat. Um die Buddhaschaft zu erlangen, muss man zur Erleuchtung (*satori*) kommen. Der *Zen*-Buddhismus ist eine Religion der Erleuchtung. Die Erleuchtung bedeutet also, dass der Mensch die Buddhaschaft erlangt. Was heißt, »die Buddhaschaft erlangen«? Verständlich ausgedrückt bedeutet das die Verwirklichung des *Leeren Ich*, des *No Ego*. Ohne dies erfahren zu haben, kann man nicht behaupten, dass man die Buddhaschaft erlangt hat. Hierzu ist es notwendig, die in Asien spezifische Denkweise des Weges zu verstehen. Im Kern der japanischen Kultur findet man den *Zen*-buddhistischen Geist wieder, wie zum Beispiel in der Kunst des Tee-Weges oder Blumen-Weges. Wenn man nur die Technik der Tee-Zeremonie erlernt, kann man nicht vom Tee-Weg sprechen. Nur wenn der Lernende durch die Übung der Technik der Tee-Zeremonie eine geistige Vertiefung erfährt, kann man vom Tee-Weg sprechen. Die *Zen*-buddhistische Religion stellt dabei die Norm dar, nach der sich die geistige Vertiefung richtet. Das Gleiche gilt für den Blumen-Weg.«

Auf die Frage, ob die Verwestlichung, die Technisierung nicht die japanische Kultur negativ beeinflusst habe, antwortete der Abt *Keido Fukushima*:

»Es ist richtig, dass Japan nach der *Meiji*-Restauration im Prozess der Modernisierung des Landes sehr stark vom Westen beeinflusst wurde. Was den Buddhismus angeht – einschließlich des *Zen* und der buddhistischen Geisteskultur –, so ist diese Geisteskultur nach wie vor im Herzen der Japaner vorhanden. Insofern kann man nicht so leichthin sagen, die Japaner seien verwestlicht.

Zen ist eine Religion, die das Transzendieren des Dualismus erstrebt. Ich vertrete die Auffassung, dass sich das
21. Jahrhundert ganz in diese Richtung hin entwickeln
wird. Im modernen Zeitalter sind die Menschen sowohl im Westen als auch im Osten sehr intellektuell geworden. Sie glauben an die Allmacht des Intellekts und
schenken diesem ein übermäßiges Vertrauen. Es gibt
jedoch etwas, das über dem Intellekt steht. *Zen* fordert
im Grunde, diesen Intellekt zu verlieren bzw. sich dieses
Intellekts zu entledigen. In diesem Sinne ist die Bedeutung vom Transzendieren des Dualismus zu verstehen. Verstehen Sie dies richtig. Die reale Welt ist eine
Welt der dualistischen Gegensätze. *Zen* zeigt uns mit
seinem Transzendieren des Dualismus eine Lebensweise.
Zen lehrt, die dualistische Realität zu leben, indem man
den Dualismus überwindet. Was ist die Quelle der dualistischen Gegensätze? Das sind z. B.: Ich und die Anderen oder Leben und Tod. Der *Zen*-Buddhismus sagt:
Mache dich selbst zu Nichts. Wenn das Ich Nichts geworden ist, dann gibt es auch keinen Gegensatz zwischen dem Ich und den Anderen. In diesem Moment, in
dem das Ich Nichts geworden ist, ist der dualistische
Gegensatz eigentlich überwunden. Durch das Nichts-
Werden entsteht ein freies Leben. Einfacher ausgedrückt, Nichts-Werden bedeutet, das eigene Ego zu
unterdrücken. Der egoistische Mensch wird durch die
Unterdrückung des Egos zum wahren Ich. Das wahre
Ich bzw. das Ich ohne Ego befindet sich in einem geistigen Zustand des *leeren Herzens* (*mushin*). Wie soll man
das Wort *mushin* übersetzen? Am besten sollte man im
Westen den japanischen Ausdruck einfach so übernehmen. *Mushin* bedeutet, dass das Herz einfach leer ist.
Wenn das Herz leer ist, ist es allem gegenüber frei, kann
alles frei empfangen. Erst wenn das Ich Nichts gewor-

den ist, wird das Ich in die Lage versetzt, frei zu leben. Das ist die Lebenshaltung, die *Zen* fördern möchte. Ich wünsche mir, dass sich die Menschheit des 21. Jahrhunderts in einer solchen Weise entwickelt. Der *Zen*-Buddhismus strebt nach der in diesem Sinne freien Lebensweise, wonach man das Ich tötet und das Ego unterdrückt, um den Dualismus zu überwinden.

Ich möchte hier einen Sprung machen und behaupten, dass, wenn sich eine Orientierung an dieser Lebensweise bemerkbar machen würde, der Weltfriede unerwartet nahe sein könnte. Solang das Ego stark ist, egal ob es sich um das Ego des Individuums handelt oder um das Ego eines Staates, wird die Realisierung des Weltfriedens schwierig bleiben. Aus der Sicht eines buddhistischen Mönchs wäre es deshalb wünschenswert, wenn das 21. Jahrhundert in diesem Sinne buddhistisch werden könnte. Es erscheint mir wichtig, dass sich sowohl Politiker als auch Pädagogen und kultivierte Menschen mehr auf eine religiöse Denkweise besinnen und danach handeln. Religion muss man dabei nicht nur auf den Buddhismus beschränken. Wir, die buddhistischen Mönche, vertreten die Auffassung, dass das 21. Jahrhundert Persönlichkeiten mit religiösem Denken braucht.«

Befragt zum Verhältnis Meister-Schüler im *Zen*-Buddhismus, antwortete der Abt:

»Diese Frage sollte man nicht nur auf den *Zen*-Buddhismus beschränken. Die Schüler-Lehrer-Beziehung ist nicht nur für den *Zen*-Buddhismus, sondern auch für das Christentum wichtig. Lassen Sie mich aber jetzt vom *Zen*-Buddhismus sprechen. Die *Zen*-Übungen eines Schülers beginnen in einer speziellen Übungshalle unter Anleitung des Lehrers. Der Schüler wird sich

unter der Kontrolle eines Lehrers um geistige Vertiefung bemühen. Ohne den Lehrer läuft er Gefahr, eigene
Wege zu gehen und sich eines Tages fälschlicherweise
einzubilden, die Erleuchtung erfahren zu haben, ob-
wohl er den richtigen *Zen*-buddhistischen Zustand der
Vertiefung noch gar nicht erreicht hat. Er würde einen
großen Fehler begehen, wenn er eine oberflächliche
Erleuchtung für eine echte Erleuchtung hielte. Wenn
ein solcher Mönch nun selbst Schüler anleitete, würde
er schlechte Schüler ausbilden. Der *Zen*-buddhistische
Lehrer wird stets den Zustand der geistigen Vertiefung
des Schülers und den Fortschritt der Übung kontrollieren. Dafür ist der Lehrer sehr wichtig. Ich möchte fach-
licher werden; denn die oben genannte Übung in einer
Übungshalle mit anderen Schülern unter der Kontrolle
des Lehrers reicht allein nicht aus. Im Fall des *Rinzai-
Zen* dient der *Koan* als Mittel der Übung. Die *Koan*-
Übung, die in der Übungshalle stattfindet, erstreckt sich
über einen bestimmten vorgeschriebenen Zeitraum.
Die *Koan*-Übung zu absolvieren, ist eine der Voraussetzungen, um zur Erleuchtung zu gelangen. Das heißt,
dass diese Übung allein für eine vollkommene Erleuchtung noch nicht ausreicht. Nach Beendigung der *Koan*-
Übung muss der Mönch die Übungshalle und seinen
Lehrer verlassen und in der Gesellschaft draußen tätig
werden. Er wird, nun auf den durch die *Koan*-Übung
errungenen geistigen Zustand gestützt, als einfacher
Priester in einem Tempel arbeiten. In dieser praktischen
Arbeit wird seine geistige Vertiefung noch weiter erhöht. Das nennen wir die *Satori*-Übung. Erst nach dieser zweiten Art von Übung kann ein vollkommener
buddhistischer Meister entstehen. Für die erste Übung
in der Übungshalle benötigt man mindestens zehn Jahre. Die zweite Übung danach erfordert weitere zehn

Jahre, sodass für die Bildung eines Meisters etwa zwanzig Jahre benötigt werden. Für das Erreichen der Erleuchtung stellt also die Übung mit einem Lehrer in der Übungshalle eine notwendige Voraussetzung dar. Die Übung danach ist die zusätzliche Bedingung zur Erlangung der Buddhaschaft.«

Auf die Frage, ob ein Religionsgespräch, ein Kulturaustausch zwischen Ost und West möglich sei, antwortete *Keido Fukushima:*

»Das ist nicht nur möglich, es muss sogar gefördert werden. In Wirklichkeit sind bereits viele Ergebnisse auf diesem Gebiet erzielt worden. Der englische Historiker *Arnold Toynbee* prophezeite schon sehr früh, dass das 21. Jahrhundert das Zeitalter des Dialogs und des Austausches zwischen den östlichen und den westlichen Religionen sein werde. Ohne das 21. Jahrhundert abgewartet zu haben, ist dieser Austausch zwischen den östlichen und den westlichen Religionen bzw. zwischen dem Christentum und dem *Zen*-Buddhismus bereits sehr weit vorangekommen.

Der spirituelle Austausch zwischen Europa und Japan entwickelt sich auf solider Basis. Was den Austausch zwischen den USA und Japan angeht, so ist mein alljährlicher Besuch in den USA auch als ein solcher Austausch anzusehen. Diese Art von Austausch muss auf jeden Fall stattfinden. Dabei muss allerdings die grundlegende Feststellung getroffen werden, dass die westliche Kultur und die östliche Kultur unterschiedlich sind. Sie sollen auch unterschiedlich sein. Es geht uns nicht darum, zu ermitteln, welche besser sei. Wir müssen vielmehr die Unterschiede kennenlernen. Wenn wir die Unterschiede kennenlernen, werden wir mit Sicherheit dabei auch etwas entdecken können, was wir übernehmen können. Die Unterschiede kennenzulernen und aus den Unterschieden etwas zu rezipieren, das ist echter kultureller Austausch. Unser Austausch und der Dialog sind die ersten Schritte dieses echten Kulturaustausches. Wir, der Klerus, müssen uns um diesen Dialog, der eine sehr wichtige Angelegenheit ist, weiter kümmern.«

Wie in christlichen Klöstern ist auch in den buddhistischen Klöstern der Tagesablauf geprägt durch feste Gebets- und Meditationszeiten. Auf dem hölzernen Schlagbrett (*han*) werden die verschiedenen täglichen Aktivitäten im Kloster angekündigt. So weckt der Ton des Schlagbretts die Mönche am Morgen im Sommer um 3.30 Uhr und im Winter um 4 Uhr auf. Im *Zendo,* dem Meditationsraum, werden mit hölzernen Stäben und einer Handglocke die Einsätze für den Ablauf der Meditation wie auch für die *Sutra*-Rezitationen am frühen Morgen und am Abend gegeben. Die *Zen*-Meditation ist die Form der Versenkung und Übung, die den Menschen zur Selbst-Erkenntnis und Selbst-Erlösung führt. Beim großen *Sesshin,* beginnend mit dem 8. Tag des 12. Mondmonats, meditieren die Mönche eine ganze Woche lang. Intensive Meditation, religiöse Belehrung, religiöse Gespräche. So unterwirft sich der Mensch einer strengen Disziplin.

Die Meditation ist Erinnerung an die Erleuchtung des *Shakyamuni*, des ersten Buddha, der sieben Tage lang in Meditation versunken unter dem *Bodhi*-Baum saß.

In allen künstlerischen Darstellungen wird seither der Buddha auf einer Lotosblume sitzend dargestellt, mit verschränkten Beinen, die Hände ineinander gelegt. Am siebten Tag fand *Siddhartha Gautama* die Erleuchtung und wurde zum Buddha. Er ist Mensch und hat durch eigene Anstrengung den Weg der Erlösung vom Leiden gefunden.

Beim Sitzen kommt der unruhige, umherschweifende Geist

zur Ruhe, und die Klarheit, welche die Wirklichkeit der Dinge kennt, tritt an seine Stelle.

Wenn die Mönche sich den Meditationsübungen unterziehen, so gehen sie den Weg einer ungeheuren Herausforderung. Sie verlangen ihrem Körper das Äußerste ab, um mit dem Buddha zu erkennen, dass Leiden seinen Grund darin hat, dass wir die Vergänglichkeit der Welt nicht akzeptieren.

Nur durch das ständige Praktizieren von *Za-zen*, dem meditativen Sitzen, entsteht die Stärke, die den Körper und den Geist unter Kontrolle hält und zur Erfahrung des eigenen, wahren Selbst führt. Den Körper zu kontrollieren meint, die aufrechte Haltung zu bewahren und den Atem zu regulieren. Buddha lehrt, dass jedem Menschen die Kraft mitgegeben ist, zu vollkommener Einsicht in das Wesen der Dinge zu gelangen.

Wieder ist das Einfache, die einfache Erkenntnis, das Vollendete. Das Einfache ist zuerst da, aber es ist auch das Ergebnis eines langen Prozesses, an dessen Ende die vollendete Form steht, die gleichsam alle Unebenheiten abgelegt hat. *Hugo M. Enomiya-Lassalle*, der deutsche Jesuit, der zugleich *Zen*-Meister war und jahrzehntelang in Japan gelebt hat, sagt: »Das meditative Nur-Sitzen, das *Shikantaza*, ist ein sehr langer Weg, weil er ohne Hilfsmittel gegangen werden muss. Er ist ein Zustand erhöhter, konzentrierter Geistesgegenwart, in dem man weder überspannt noch in Eile und natürlich niemals schlaff ist.«

Die Mönche aus dem *Tofuku-ji* gehen in die Stadt zum Betteln. Ihr Auszug aus dem Kloster im Gänsemarsch, einer hinter dem anderen, vollzieht sich jedes Mal in der gleichen Ordnung. Auch bei dem simplen Gang in die Stadt ist eines der Grundprinzipien der Lebensweise nach dem *Zen* spürbar: Die kleinste Verrichtung wird nach einer bestimmten Ordnung und immer gleich vollzogen.

Die Strohhüte, welche die Mönche tragen, schützen ihre

geschorenen Köpfe nicht nur im Sommer vor den Sonnen-
strahlen, sondern dienen auch als Regenschirme. Die Mönche
tragen die Strohhüte zunächst in der Hand und setzen sie erst
auf, wenn sie den Tempelbezirk verlassen. Schweigend gehen
sie hintereinander her. Alles, was die Mönche auf dem Bettel-
gang erhalten, gehört dem Kloster. In einem *Sutra* heißt es:
»Wenn ein Mann bettelt, schwindet all seine Arroganz.«

Der Mönch soll daran denken, dass der erste Buddha selbst
barfüßig bettelte und ein Vorbild gegeben hat. Auch das Betteln ist eine die Sinne konzentrierende meditative Praxis.

Ein berühmter *Zen*-Priester schrieb in einem Gedicht:

»Am Straßenrand hielt ich an,

um Blumen zu pflücken.

Ich vergaß meine Bettelschale.

Oh, kleine Schale, wie einsam wirst du nun sein.«

In der Stadt stehen die Mönche an belebten Plätzen, auf einer
Brücke. Der starke Verkehr lärmt an ihnen vorbei. Mit einer
Metallschelle machen sie auf sich aufmerksam. Erhält der
Mönch eine Gabe, spricht er ein kurzes *Sutra*, ein kurzes Ge-
bet, in dem der Wunsch ausgedrückt wird, dass alle Wesen die
Buddhaschaft erlangen mögen. Der Mönch erfleht keine be-
sonderen Wohltaten für den Spender.

Das Betteln als Teil des *Zen*. *Zen* ist immer etwas, das praktiziert werden muss. Nicht durch intellektuelle Anstrengungen
kann er erfahren werden.

Jeder kann *Zen* praktizieren, jeden Tag, zu jeder Stunde.
Und dabei braucht es keine tiefschürfenden theologischen
Überlegungen. Die Mönche, welche die Holzdielen der Tem-
pelveranda geradezu im Tanzrhythmus putzen, indem sie mit
den feuchten Lappen und zu einer genauen Formation aufge-
reiht von einer Seite zur anderen wischen, die Kinder, die auf
den Knien die Böden ihrer Schule, ihrer Klassenzimmer säubern, sie haben gelernt, auch einer eigentlich geringwertigen

Tätigkeit ihre Aufmerksamkeit zu widmen, sich intensiv einer Sache anzunehmen, die scheinbar unwichtig ist. »Lerne den Boden putzen«, und du wirst verstehen, dass die einfache Arbeit, dass die einfachen Verrichtungen die gleiche Aufmerksamkeit verlangen wie die schwierigen, anspruchsvollen Tätigkeiten im Beruf.

Zen-Meister *Dogen* lehrte: »In der kleinsten Begebenheit des Alltags liegt die Möglichkeit, das ganze Sein zu erfahren. Steine, Pflanzen, Tiere, Menschen, die Natur, alles ist und hat Buddha-Natur.« Wer sich diese scheinbar simple Einsicht zu eigen macht, kann ein neues Verhältnis zu seinen Mitmenschen, zur Schöpfung, zur Natur gewinnen. Wenn es möglich ist, in den kleinsten Begebenheiten des Alltags das ganze Sein zu erfahren, dann wird man auf diese Alltäglichkeiten achten, dann hält jeder Augenblick das Geschenk des ganzen Seins bereit. Wenn Steine, Pflanzen, Tiere und Menschen Buddha-Natur haben, dann wird man ihnen nicht mit Aggression begegnen, dann wird man sie nicht zerstören, sondern achtsam mit ihnen umgehen.

Die Welt wird nicht dadurch verändert, dass man große politische oder gesellschaftliche Pläne macht oder seinen Mitmenschen mit entsprechenden Ideen kommt. Die Veränderungen können im Alltag beginnen, sind möglich dort, wo an die Stelle des Aggressionspotenzials die Achtung, der Respekt vor der ganzen Schöpfung treten. Aber dies nicht in einer allumfassenden großen Idee oder Geste, sondern im unmittelbaren Handeln, im Wahrnehmen der unverwechselbaren Qualität, die in allem und jedem steckt, im direkten Gegenüber zu den Mitmenschen in Familie und Beruf, im direkten Gegenüber zu Tieren und Pflanzen, im Respekt vor dem Eigentum anderer oder dem Gemeinschaftseigentum, das eben nicht mutwillig zerstört und beschmutzt werden darf. Jeder Augenblick ist wichtig, einmalig, wird nie so wiederkommen, wie er gerade ist. Darum ist es entscheidend, ihn anzunehmen, wie er ist. *Dogen* sagte: »Glaub nicht, das alltägliche Tun hindere dich, die Buddhaschaft zu erlangen. Es gibt keine Buddhaschaft außerhalb des täglichen Lebens.«

Im Geist der Besonnenheit, in dem allem und jedem die gebührende Achtung, Respekt und Ehrfurcht erwiesen werden, zeigt sich der *Zen*-Geist, zeigt sich das Wesentliche des Buddhismus. Ein Buddhist zu sein bedeutet, sich auf dem Weg zu befinden, das heißt beispielsweise auch das Ausüben einer Kunst, eines Kunsthandwerks.

Um darin zur Meisterschaft zu gelangen, ist eine lange Lehrzeit erforderlich. Wenn zum Beispiel ein Kind zu einem Töpfer in die Lehre geschickt wurde, hatte der Lehrling drei Jahre lang nur die Aufgabe, den Ton zu mischen. Denn in allem sollte er zur Vollkommenheit gelangen und erfahren, dass dem vollendeten Kunstwerk, der vollendeten Schale, das meisterhafte Mischen des Tons vorausgeht, dass das Gelingen der vollkommenen Form durch eine schlampige Ausführung der vorbereitenden Tätigkeiten gefährdet würde.

In der westlichen Kultur ging und geht es immer darum, etwas Neues hervorzubringen. In der *Zen*-Kultur, in der aus dem Buddhismus erwachsenen Kultur, kommt es darauf an, das Gleiche immer vollkommener zu gestalten. Der Künstler, der Handwerker, sie können sich ein Leben lang einer besonderen Form widmen, sie schließlich zum vollendeten Werk führen. In Japan gibt es die sogenannten *Lebenden nationalen Kunstschätze*. Meist sind dies alte Menschen, die eine lebenslange Erfahrung auch des Handwerklichen mitbringen. Der Ehrentitel *Lebender nationaler Kunstschatz* ist eine bewunderte Auszeichnung, die auf den unterschiedlichsten Gebieten verliehen werden kann, etwa für die besondere Qualität auf dem Feld der Kalligrafie oder des Stofffärbens, des Töpferns oder der Kunst der Herstellung von lackierten Schalen, Tabletts und anderer Gebrauchsgegenstände. Immer zeichnen sich die Ergebnisse dieser kunsthandwerklichen und künstlerischen

Tätigkeiten durch die unvergleichliche Intensität und Dauer aus, mit der die Technik verfolgt wird, mit der immer wieder ein neuer Versuch unternommen wird, am gleichen Sujet zur Vollendung zu gelangen. So hat der 1889 geborene japanische Maler *Higashiyama* jahrzehntelang immer wieder die gleichen wenigen Motive gemalt. Vom Abt des *Toshodai-ji* war er zum Beispiel gebeten worden, die Wandschirmgemälde anzufertigen. Im Jahre 1971 hatte er den Auftrag erhalten, im Jahre 1975 hatte er insgesamt 28 Flächen mit dem Titel *Bergwolken und Meeresbrandung* vollendet. 1980 war der zweite Teil der Wandgemälde für den Tempel vollendet. *Kawakita Michiaki,* eine der führenden Kunstkritikerinnen Japans, sagt über die Kunst *Higashiyamas:* »An einem Punkt seines Lebens begriff der Künstler den Maßstab seines Werkes in einer Offenbarung und einem Erwachen, die man als Erkenntnis des Nichts bezeichnen könnte – man kann es aber auch denken als das schnellere Erreichen einer Sublimierung in seinem Herzen. Darin sind seine Ängste und Schmerzen, Unglück und Widersprüche als Mensch zutiefst eingeschlossen, aber sie werden zu einer genialen künstlerischen Ausgeglichenheit sublimiert. Es ist wohl richtig gesehen, dass der Ursprung der verehrungswürdigen Anziehungskraft der Kunst *Higashiyamas* darin liegt, dass er diese sanfte und gehorsame Versöhnung von Alltag und Künstlertum stellvertretend für alle Menschen vollbracht hat.« Wieder ist das Stichwort *Alltag* gefallen, wieder sind die Wandbilder das Ergebnis einer jahrelangen Annäherung an die wenigen Themen. Nichts Spektakuläres ist in ihnen festgehalten, über die bewaldeten Berge ziehen Wolken, das Meer brandet ans Ufer, Wellen überrollen sich. In der Sanftheit und Ruhe, die diese Bilder ausstrahlen, entsteht ein Gespräch zwischen Natur und Mensch, kann das Ganze des Seins zur Geltung kommen.

Der Töpfer *Shimizu Nitshi* ist ein *Lebender nationaler Kunstschatz.* Seit Jahrzehnten dreht er die immer gleichen Formen

Einer der »lebenden nationalen Kunstschätze«,
der berühmte Keramiker Shimizu

auf der Scheibe. Sie sind Variationen der einen, idealen Form. Der Töpfer ist berühmt für die einzigartigen Glasuren, die er seinen Schalen und Tongefäßen gibt. Die vom Töpfer gewählte besondere Glasur, etwa ein wie Schaum über die schwarzen Gefäße fließendes Weiß, wird zur hundertfach wiederholten, unverwechselbaren Erscheinungsform. Um ihre Einzigartigkeit, ihre Vollkommenheit wahrzunehmen, bedarf es der achtsamen Betrachtung. Die japanische Keramik besitzt Weltrang. An der Form der einfachen Teeschale ist wieder das Prinzip zu erkennen, dass das Einfache das Ergebnis eines langen Prozesses, einer lange dauernden Bemühung ist, die über viele Umwege geführt hat.

In den meisten japanischen Kaufhäusern wird auf einer Etage Keramik angeboten. Gebrauchskeramik, aber auch erlesene Kunstwerke. Und so trifft man immer wieder Menschen aus allen Bevölkerungsschichten, die bewundernd vor einer Vitrine stehen, in der eine Teeschale zu sehen ist, die umgerechnet mit 20.000 oder mehr Euro ausgezeichnet ist. Diese Menschen haben über Generationen gelernt, die Qualität einer solchen Schale zu erkennen. Sie haben gelernt, ästhetische Qualität, Vollkommenheit wahrzunehmen.

Und so ist auch zu verstehen, dass nicht nur in exklusiven Restaurants die Speisen in besonders schönen Gefäßen serviert werden, dass winzige Portionen in hölzernen lackierten Schächtelchen auf den Tisch kommen und die unzähligen kleinen Beigaben in unterschiedlichen Schalen und Schälchen, auf Tabletts und in Schüsselchen angeboten werden.

Auch am Familientisch findet man das Essen arrangiert. Für die Pickels, die farbigen, eingelegten und in Stückchen geschnittenen Rettiche, für die Miso-Suppe, für den Reis, für das Gemüse, für Soßen und Zutaten gibt es eigene Lackschalen und Keramikschüsselchen. Das Tischarrangement ist Ausdruck eines auch die Alltagsverrichtungen ordnenden Prinzips. Umso bedauerlicher ist es, dass auch in Japan Fastfood-Ketten das Land überziehen und mit ihren Angeboten eine Essenstradition verdrängen, die nicht nur der Nahrungsaufnahme dient, sondern Teil einer Kultur ist.

Doch *Zen* als Gedankengut und Lebensphilosophie bestimmt in praktischer Ausprägung, in der Wirkung, bis heute die verschiedensten Lebensbereiche. Auch heute noch schicken japanische Firmen Leute, die bei ihnen anfangen zu arbeiten, für eine bestimmte Zeit in einen *Zen*-Tempel, damit die Anfänger dort Disziplin lernen. Auch im Geschäftsleben hat der aus *Zen* entwickelte Ehrenkodex der *Samurai, Bushi-Do*, große Bedeutung. Geistige Disziplin, ästhetische Sensibilität, kriegerisches Können in einer unblutigen Kriegskunst, die in den Schwertkampfschulen geübt wird, lassen sich auch beim Geschäfts-Kampf anwenden. Ein *Zen*-Wort bringt es auf den Punkt: »An einem Geist, der völlig frei von Gedanken und Erregung ist, findet selbst der Tiger keine Stelle, seine Krallen einzuschlagen.«

Und so ist es nicht verwunderlich, dass die nationale japanische Fluggesellschaft *Japan Air Lines* in einer ihrer Werbeanzeigen für die *JAL Executive Class* die *Kraft der Stille* pries, die Fähigkeit und Möglichkeit zu völliger Entspannung als die für Japan charakteristische Quelle der Energie. Auch in Arbeits- und Ethikgrundsätzen großer Firmen, die von den Mitarbeitern eingehalten werden müssen, spiegelt sich etwas von den Grundprinzipien des auf der *Zen*-Kultur und auf Traditionen des konfuzianischen Gesellschaftsverhältnisses beruhenden Verhaltens. Dem westlichen Besucher mögen die Verbeugungen der jungen Damen und Herren in den Kaufhäusern, welche die ersten Besucher am Morgen begrüßen, fremd und exotisch erscheinen, doch auch sie ordnen sich ein in Gesellschaftsformen, die von Respektritualen begleitet werden.

Der *Enryaku-ji* ist der Haupttempel einer der buddhistischen Richtungen, der sogenannten *Tendai*-Sekte, die Elemente aus dem *Zen* übernommen hat, aber zum esoterischen Buddhismus gerechnet wird. Anfang des 9. Jahrhunderts gründete der Priester *Saicho,* der aus einer chinesischen Einwandererfamilie stammte, den Haupttempel auf dem nördlich von Kioto gelegenen Berg Hiei, der zu einem riesigen Klosterbezirk wurde. Man hat den *Enryaku-ji* mit einer buddhistischen Universität verglichen, in der *Zen, Jodo* und *Nichiren* die unterschiedlichen buddhistischen Studienrichtungen gewesen sind. Und all diese buddhistischen Sekten haben einen ihrer Anfänge auch im *Enryaku-ji* erlebt. Der Priester *Saicho* (767–822) bekam vom Kaiser *Kammu* den Befehl, auf den Berg hinaufzusteigen und dort einen Tempel zum Schutz der neuen Hauptstadt Kioto zu gründen. Tag und Nacht sollten die Mönche darüber wachen, dass keine bösen Geister die Stadt bedrohen. Deswegen sollten sie beten, sollten die Gongs und Trommeln schlagen, um die Geister durch den Lärm zu vertreiben. Lange Zeit kontrollierte das *Enryaku-ji*-Kloster die politischen und religiösen Angelegenheiten der Hauptstadt. Die rund um Kioto gelegenen Klöster wuchsen zu mächtigen Institutionen heran, die sich nicht von der Stadt aus kontrollieren ließen. Auf der Höhe seiner Macht gab es im *Enryaku-ji*-Bereich mehr als 3000 Tempel. Auf dem Berg Hiei wurden Mönche in einem zwölfjährigen Training in den Klöstern ausgebildet und im Praktizieren des Buddhismus unterwiesen. Sie wurden dann in das ganze Land hinausgeschickt, um die Lehren des *Dharma* zu verbreiten. *Saicho* nannte sie *Lehrer der Nation.* Und so wurden vor allem die ethischen Grundsätze der *Tendai*-Sekte mit zu den Grundlagen des japanischen Staatsverständnisses, der japanischen Staatskunst. Damit wurde der Buddhismus auch zu einem Beschützer des Staates. Der Priester *Saicho* sagte: »Verbreitet das *Dharma* ohne Unterlass. Da das *Dharma* dem Wohl des Staates dient, ist es auch zum Wohl aller Wesen. Zahle

deine Dankesschuld dem Staat gegenüber dadurch zurück,
dass du das *Dharma* gedeihen lässt.«

Im Jahr 804/805 unternahm *Saicho* eine Studienreise nach
China und erhielt dort auch eine *Bodhisattva*-Ordination. Zurück in Japan, wollte er die am *Mahayana*-Buddhismus orien-
tierten Regeln und Gelübde in seiner Heimat einführen. Für
Saicho waren Staat und Kaiser Manifestationen des Buddha-
Wirkens. In seine *Tendai*-Lehren band er freilich im Gegensatz
zu seinem chinesischen Vorbild auch Elemente des Tantrismus
und des *Ch' an (= Zen)* ein.

Der *Jodo-in*, ein Untertempel des *Enryaku-ji*. Heute ist er, abseits der großen, mächtigen Hauptgebäude gelegen, ein Ort
der Ruhe, des Verweilens. *Saicho,* der Tempelgründer, wurde
im *Jodo-in* begraben, und so ist dieser Bezirk für die auf dem
Enryaku-ji lebenden Mönche ein besonders heiliger Ort. Der
Jodo-in: ein Bereich, zu dem von Steinlaternen gesäumte Stufen führen, hinunter in das stille Tal, in dem, von Mauern
umgeben, der Tempel liegt. Je nach der Jahres- und Tageszeit
kann man hier das Spiel von Licht und Schatten auf dem
Kiesfeld vor dem Hauptgebäude beobachten, die Stimmen der
Vögel, das Rauschen der Bäume vernehmen, sich vom Geheimnis der Verbindung von Kultur und Spiritualität gefangen
nehmen lassen. Der *Kompon-chu-do* ist der Haupttempel des
Enryaku-ji, hier steht die Zentralhalle, das Herz des ganzen
Klosters. Der erste *Kompon-chu-do* wurde von *Saicho* als Haus
für das Bildnis des *Yakushi Nyorai*-Buddha gebaut, das er selbst
geschnitzt hatte. Er wurde 794 fertiggestellt. Das heutige Gebäude stammt aus dem Jahr 1642.

Faszinierend ist es, eine Zeremonie im inneren Bereich der
Haupthalle zu erleben. In das Dunkel der Halle dringt kaum
Licht, als einer der ältesten Mönche mit einem Gebets-
ritual beginnt. Seit über fünfzig Jahren vollzieht er jeden Tag
zur gleichen Zeit die gleiche Zeremonie. Sie wird von einer

Mönchsgruppe begleitet, die *Sutras* rezitiert. Der alte Mönch
verbrennt Holzstäbchen vor dem Bild Buddhas. Nach genauen Regeln vollzieht sich ein eindrucksvoller Ablauf. Die
Flammen der aufgeschichteten Hölzchen lodern hoch auf,
Schatten tanzen durch den Raum, verlieren sich in den ge-
schwärzten Deckenbalken. Rauch steigt auf, weiß und blau
ziehen die Schwaden durch den Raum. Mit Metallgerätschaf-
ten hantiert der Mönch an seinem Feueraltar. Das Klappern
des Metalls gesellt sich zu den rezitierenden Mönchsstimmen.
Im aufsteigenden Rauch steigen die Wünsche und Gebete
der Gläubigen, die sich auf dem Buddhaweg befinden, in die
Höhe.

Das Leben des alten Mönches hat sich ganz dem einen
Ritual untergeordnet, es ist selbst zum Ritual geworden. Über
fünfzig Jahre die gleichen Bewegungen, die gleichen Handgriffe. Jeden Tag neu führt er das Ritual mit der gleichen Konzentration durch, sein Gesicht, seine Haltung drücken Wach-
heit und zugleich eine entspannte Aufmerksamkeit aus. Jede
der Handlungen muss mit der wiederkehrenden uneinge-
schränkten, unabgelenkten Konzentration vollzogen werden.
In der Wiederkehr des Gleichen: das Geheimnis der Vollkommenheit. Was du tust, tu es ganz, widme dich ausschließlich
einer Sache.

Die Landschaft, die Gegend des Berges Hiei, sie sind seit
alters her ein Zentrum des Gipfelpilgerns, einer religiösen
Übung, bei der man von Gipfel zu Gipfel wandert. Viele
berühmte Priester haben sich hier dieser außerordentlich
anstrengenden, den Menschen bis zum Äußersten fordernden
Übung unterworfen.

Mönche ziehen hundert Tage lang durch die Wälder, sie
pilgern meditierend von Tempel zu Tempel. Sie sind weiß
gekleidet, haben nur eine Strohmatte und eine Lampe bei
sich. Sie sind vor allem auch nachts unterwegs. Sie tragen
Holzsandalen und kommen zwischen zwei und vier Uhr

morgens zum Haupttempel, um nach einigen Gebetszeremo-
nien ihre Wanderung fortzusetzen. Das Gipfelpilgern, in das
auch für einige Zeit eine besonders strenge Disziplin eingeschlossen sein kann, in der man tagelang auf Essen, Trinken,
Schlafen und Hinlegen verzichtet, fordert das Äußerste von
Körper und Geist. Es entreißt die Mönche, so könnte man
sagen, der Wirklichkeit und lässt sie diese doch ganz körper-
lich erfahren. Wer eine solche Anstrengung seinem Körper
abfordert, der erfährt auch dessen Grenzen, der gelangt an eine
Grenze, an welcher der nächste Schritt zur extremen Überwindung wird, an der man aber auch einer unglaublichen
Leichtigkeit innewerden kann, in welcher der schwere Körper
wie von selbst dem Geist zu folgen scheint. Vielleicht muss
man von Zeit zu Zeit immer wieder eine solche Grenz-Erfahrung machen, eine Herausforderung annehmen, die eigentlich
über die Kräfte geht. Eine Grenz-Erfahrung, die man auch auf
einer Bergtour machen kann, bei einer Herausforderung, der
man sich zunächst nicht gewachsen fühlt, die man aber bestehen kann, indem man sich das Unvorstellbare abverlangt. Das
Gipfelpilgern ist ein Einschnitt auch im Mönchsleben, eine
Erfahrung, die ein Leben lang tragen kann.

Wer den pilgernden Mönchen begegnen möchte, muss
sich selbst der Nacht auf dem Berg Hiei aussetzen, muss wenigstens eine Nacht lang heraustreten aus der Bequemlichkeit
des normalen Tages. Eiskalt ist die Nacht auf dem Berg. Die
riesigen Bäume wachsen in die Stille des sternklaren Him-
mels, der sich nicht nur räumlich über dem, der sich hinaus-
wagt, auftut, sondern der auch den Geist öffnet, die Sinne wie
mit einer neuen Antenne ausstattet, die ein vertieftes Wahrnehmen ermöglicht. Im stundenlangen Warten auf die aus
dem Walddunkel heraustretenden Mönche stellt sich eine vorher nicht gekannte Offenheit ein, vielleicht die Leerheit, von
welcher der Buddhismus immer wieder spricht. Eine Leerheit, die zugleich Erfülltsein ist.

Die pilgernden Mönche erfahren sie wohl auf besondere Weise. Sie scheinen sich wie in Trance zu bewegen, wenn sie leichtfüßig die vielen breit ausgelegten Steinstufen zum Haupttempel herabkommen. Der erste der Pilger erscheint gegen zwei Uhr früh. Eine weiße Figur huscht an der Tempelmauer vorbei. In der gewaltigen Stille der Nacht ist deutlich das Reiben der Gebetsschnur und ihrer Holzkugeln zu vernehmen, die der Mönch zwischen seinen zum Gebet gefalteten Händen hin- und herbewegt.

Um vier Uhr verschwindet der letzte der Pilger in den noch immer dunklen Wald. Das Gipfelpilgern: eine beeindruckende Form der Askese, eine herausfordernde Übung. Eine nur für Mönche geeignete Disziplin oder ein Anstoß, sich auf eine vielleicht notwendige Herausforderung zu besinnen? Eine Möglichkeit, für eine gewisse Zeit sich einer selbst gestellten Aufgabe ganz zu widmen, das Äußerste von sich zu verlangen, um eine menschliche Erfahrung zu machen, die das Leben reicher, tiefer, erfüllter machen kann.

Die Stille und das Vage

Die Straßen japanischer Städte ersticken am Verkehr. Die Menschenmassen überziehen wie langsame Ströme die Gehwege, stocken an den Kreuzungen. In den U-Bahn-Stationen, auf den Bahnhöfen klumpen die Menschen zu einer sich unaufhörlich bewegenden, wogenden Masse zusammen. Ankommende Züge spucken sie aus. Sie drängen zu den Ausgängen und Kontrollschaltern. Der Einzelne treibt im unaufhaltbaren Strom, muss mitschwimmen. Er wird getrieben, lässt sich treiben. Das einzelne Gesicht, der einzelne Mensch, taucht in den vielen Gesichtern unter.

An jeder Straßenecke Spielsalons. Schon am Morgen, bevor die Türen sich öffnen, stehen die Spielhungrigen Schlange, um sich dann vor anderen auf die Sitze vor den eisernen Spielpartnern zu drängen. Der Lärm in den voll besetzten Spieltempeln ist höllisch. Das Klappern der Metallkugeln macht jedes Gespräch unmöglich. Junge und alte Menschen sind gleichermaßen von der Spielleidenschaft gepackt, können stundenlang konzentriert auf die Hebel und die rotierenden Zahlen schauen, die Abläufe verfolgen und unterbrechen. Der Lärm spricht jeder Kultur der Stille, und gerade jener japanischen *Kultur der Stille*, von welcher der deutsche Psychologe und Japankenner *Karlfried Graf von Dürckheim* so begeistert gesprochen hat, Hohn. Sie scheint längst vom *American way of life* aufgefressen zu sein.

Und auch die Hässlichkeit vieler großstädtischer Straßenzüge, die brutal durch die Städte schneidenden Hochstraßen, lassen jedes ästhetische Empfinden vermissen. Wie kann man überhaupt in den voll gepackten Büros arbeiten, deren meist staubverdreckte Scheiben auf die Hochstraßen hinauszeigen, auf Verkehrswege, die nur wenige Meter von den Häusern entfernt durch die meisten der Stadtviertel geführt werden?

Aber *Zen,* so heißt es doch, kann überall geübt werden, im Alltag, beim Essen, am Arbeitsplatz. *Zen* ist eine Übung der intensiven Wahrnehmung, und vielleicht ist es sogar möglich, gleichsam in der Mitte des Taifuns eine donnernde Stille wahrzunehmen.

Jemand hat die Konzentration vor den eisernen Kameraden im *Patschinko*-Spielsalon mit einer *Zen*-Übung verglichen. Man könnte übertrieben oder ironisch formulieren: In der Konzentration auf den Weg der Eisenkugel durch das Labyrinth der Hindernisse stecke die verlangte, unabgelenkte Hinwendung zu einer Sache, welche die *Zen*-Übung kennzeichne.

Mitten im Verkehrsgewühl, in einer überfüllten U-Bahn, im knatternden Zug, sieht man Menschen, die sich völlig zurückgenommen haben, die ganz selbstverständlich in eine innere Stille zurückgekehrt sind und allen Lärm um sich ausschließen können. Sie schließen die Augen, schalten ab, sitzen völlig versunken da, einem inneren Rhythmus anheimgegeben. Die junge Frau, die eine halbe Stunde lang sich so während der Bahnfahrt entspannt, der Mann, der in einer Ecke des Bahnhofs auf einer Bank oder auf dem Boden sitzt, sie haben gelernt, sich von der lärmenden Umgebung abzuschließen. Natürlich setzen sie ihren kurzen Schlaf auch der Erschöpfung entgegen, die das Ergebnis sehr langer Wege zur Arbeit und nach Hause ist, das Resultat eines erschöpfenden Arbeitstages. Doch sie haben auch gelernt, sich im Raum der eigenen Stille zu schützen, weil sie wissen, wie verletzlich diese ist. Die Stille schafft Raum um die eingesunkenen Menschen. Sie ist eine Lebenshaltung, die geübt und gepflegt werden muss. Und dabei ist es eigentlich gleichgültig, ob man dieses Abschalten-können mit meditativen Praktiken aus dem *Zen* in Verbindung bringt oder nicht.

Karlfried Graf von Dürckheim sagt über die japanische Kultur der Stille: »Die seltsame Unstörbarkeit des Japaners durch Geräusche verrät keineswegs eine mangelnde Empfindlichkeit für das Laute. Sie ist vielmehr das Produkt einer langen Erziehung, das man lernt umso mehr zu bewundern, als man allmählich begreift, dass die Geräuschunempfindlichkeit des Japaners die Folge planmäßiger Pflege innerer Kräfte ist. So schützt sich der Japaner von innen nach außen durch eine selbst geschaffene Schutzwand, die ihm erlaubt, in allem Wechsel und Ansturm des Lebens die Stille des Gemütes zu wahren.

Aber die Stille, um die er sich eigentlich bemüht, ist viel mehr als nur Freiheit und Unabhängigkeit von äußerer Störung. Es geht in ihr um die Quelle des tiefsten Lebensgefühls, um den Atem-Raum unseres Wesens, das in seinem Grunde eins ist mit dem Wesen des Alls.«

Der japanische Architekt *Kisho Kurokawa* hat in dem Buch *Die Philosophie der Symbiose* darauf aufmerksam gemacht, dass der traditionelle Japaner die Harmonie geradezu verehre, dass er immer auf Konsens aus sei und dass Technologie alleine nie Wurzel fassen könne, wenn sie von Kultur und Tradition abgeschnitten werde. Im scheinbar blinden und aus dem Westen übernommenen Vertrauen auf Technologie hat Japan sich nach dem Zweiten Weltkrieg weit von seinen Wurzeln entfernt und musste schließlich erfahren, dass das Vertrauen in den auf Technologien bauenden Fortschritt schnell erschüttert werden kann. *Kurokawa* nennt unsere Zeit die *Epoche der Maschine*, ihr gelte es die *Epoche des Lebens* entgegenzustellen. Man müsse eine Bewegung weg vom Dualismus entwickeln, vom Entweder-oder zu einer Philosophie der Symbiose, des Sowohl-als-auch, eines Geistes, der eine Symbiose zwischen

Unterschiedlichem zulässt, eine immer neu sich verändernde dynamische Balance.

Zur Epoche des Lebens gehört auch das Vage, das nicht analytisch Entschiedene. *Kisho Kurokawa* macht darauf aufmerksam, dass es in Japan eine *Kultur des Grau* gebe: *Rikyu nezumi*, das *Rikyu*-Grau, das auf den Teemeister *Sen no Rikyu* zurückgeht. In einem Buch aus dem Jahre 1640 heißt es, er habe allen übertriebenen Schmuck gehasst und die Leute aufgefordert, dem Prinzip der Einfachheit zu folgen. »Wechselt eure Kleidung«, sagte er »und tragt ein frisches Kleid aus kohlegrauer Baumwolle.« Seither war die kohlegraue Baumwolle sehr populär und wurde *Rikyu*-Grau genannt. Diese farblose Farbe charakterisiert nach *Kurokawa* auch die japanische Kultur. Sie lasse nicht verschieden starke Farben aufeinandertreffen. Die räumlichen Qualitäten Kiotos erschlössen sich am besten im grauen Zwielicht, in einer düsteren Atmosphäre. Die Dächer und Wände lösten sich in graue Schatten auf, verlören die Dreidimensionalität. Alles werde flach, zweidimensional, ganz im Gegensatz zum Eindruck westlicher Städte, die durch ihre Dreidimensionalität in Architektur und Anlage charakterisiert seien.

Gelegentlich ist man in Kioto, aber auch in Tokio nur wenige Schritte abseits der Hauptstraßen ins alte Japan versetzt. Dort findet man niedrige Holzhäuser, winzige, einfache Gärten. Die Erinnerung an das traditionelle Alltagsleben wird wach, und dabei mag man die Spuren entdecken, die in die Gegenwart hineinreichen.

Das alte Kioto besaß keine zentralen Plätze. Die Häuser, auch die Schreine und Tempel, säumten die Straßen. Die Bauten waren aus Holz und offen zur Straße hin, auf der sich das Leben abspielte. Keine strengen Steinmauern schirmten den privaten vom öffentlichen Bereich ab. Im alten Kioto, im alten Japan, dienten die Straßen nicht primär dem Verkehr, sie

waren ins tägliche Leben einbezogen, auf ihnen lebte man.
Die Reichen hatten sich an den großen Straßen niedergelassen, die einfacheren Leute lebten in den unzähligen kleinen verwinkelten Gassen. Die Häuser waren alle so konstruiert, dass sie sich hin zum Kommunikationsraum Straße öffnen konnten.

Ein Privathaus. Ein Holztürchen öffnet den Zugang zu einem winzigen Außengarten. Trittsteine führen den Besucher. Erst vor kurzem sind sie mit Wasser gereinigt worden. Das helle Holz des Türchens, die hölzerne Haustüre, ein Bambus an der Seite, auf kleinstem Raum zeigen sich Natur und Kultur auf selbstverständliche Weise verbunden. Mit wenigen Schritten ist man im einzigen großen Raum des Erdgeschosses, an den sich eine kleine Küche anschließt. Der Boden des Raumes ist mit Reisstrohmatten gedeckt, in der Mitte ist eine vertiefte Feuerstelle zu sehen, auf einem eisernen Drehfuß steht ein Teekessel. An der Stirnseite des Raumes die Nische für die Bild- und Kalligrafierolle, vor ihr ein Blumengesteck.

Wenn man sich auf die Matte setzt, kann man zur Rechten in einen kleinen Garten sehen. Die Schiebetüren öffnen den Raum zur Natur. Der Garten ist der Ort, an dem die Veränderungen der Natur im Verlauf der Jahreszeiten beobachtet, miterlebt werden können. Es braucht keine große Wiese, keine ausladenden Bäume, um sich der Natur verbunden zu fühlen. Der kleine Garten holt die Natur ins Zimmer, das Zimmer geht in den Naturraum über. Ein den Traditionen verbundener Japaner braucht die Einbindung in den natürlichen Rhythmus, sie ist Teil der Hinwendung zur Wirklichkeit. Auch im religiösen Bereich ist die Hinwendung zur Wirklichkeit unverkennbar. Wenn der Buddhismus häufig abstrakt klingende Begriffe wie *Leere, So-Sein* etc. gebraucht, so zeichnet er sich doch dadurch aus, dass nie die Welt der Tatsachen verlassen wird. Auch nicht im *Zen*. Die Kultur des *Zen* ist erfüllt vom Respekt vor der Natur. Natur ist kein zu besiegender

Feind. Sie wird nicht als Objekt behandelt. In all ihren Gestalten ist sie ein brüderliches Wesen, das wie wir für die Buddhaschaft bestimmt ist. Doch die Natur muss nicht überhöht oder symbolisiert werden.

Im Alltag mag diese Kultur überhaupt nicht mehr reflektiert und in den spirituellen Zusammenhang gebracht werden. Und doch: In einer Welt, in welcher der Verkehr in den Hauptstädten längst die Stille unter die Räder gebracht hat, in der ganze Stadtviertel nichts als Elektronik verkaufen, in Hunderten von Shops, in einer Zeit, in der die virtuelle die greifbare Wirklichkeit schon verdrängt hat, findet man um die Ecke, in einer Seitenstraße, dann auf einmal ein kleines Restaurant.

Der Besucher wird mit einer tiefen Verbeugung empfangen, er legt seine Schuhe ab und wird in einen der separaten Räume geleitet. Wieder gibt es einen Blick in einen kunstvoll angelegten Garten. Auf engstem Raum: Moos, Büsche, Bambus, Steine. Elemente aus dem natürlichen Bereich, manche vielleicht nur noch Erinnerung und doch wahrgenommen und gepflegt. Viele dieser Gärten werden von japanischen Kulturkennern als Kitsch bezeichnet, als Arrangements, die nur noch Abklatsch der Tradition sind.

Das Essen wird serviert, es kommt in Holzboxen, die Schüsselchen, die Teller werden gerichtet. Heiße Tücher werden gebracht. Man säubert sich, ehe man mit dem Essen beginnt. Die einzelnen Gerichte, immer kleine Portionen, sind kunstvoll angerichtet. Abklatsch einer untergehenden Tradition? Vielleicht, und doch in den Alltag hineinreichende Qualität, ein Hauch von Vollkommenheit, in dem Essen zu einem Kunstgeschehen wird. Für Augenblicke, gelegentlich, ist sie da, die Harmonie, die Symbiose zwischen Mensch und Natur, auf Japanisch *Wa.* Zugleich spürt man die Achtung, den Respekt für alle Dinge: *Kei,* im Stein, der ein Stein ist, im Wasser, das rinnt und klar ist, und man spürt *Sei,* die Reinheit der Dinge und auch des Geistes. *Wa, Kei* und *Sei* können sich auch beim oder im Essen spiegeln. Aus all dem entspringt *Jaku*, die Ruhe, der Friede des Geistes.

Auch beim Essen kann man Spuren der Grundprinzipien einer Lebenshaltung entdecken, die von Achtsamkeit und Respekt geprägt ist. Mit den verschiedenen Wegen, in den verschiedenen Künsten, hat sich im Laufe der Zeit ein in keiner anderen als der japanischen Kultur anzutreffendes und mit konkretem Tun verbundenes Lebensprinzip manifestiert.

Die *Zen*-Wege

Kyu-Do, der Bogen-Weg

Nach altjapanischer Auffassung gibt es die dualistische Trennung zwischen Geistigem und Körperlichem nicht. Alles Körperliche ist zugleich ein Geistiges. Wie im gesamten Buddhismus wird der Dualismus von Körper und Geist überwunden.

In Japan entwickelte sich über die Jahrhunderte vor allem die Richtung des *Mahayana*-Buddhismus. Der Kern des *Mahayana*-Buddhismus, die Lehre von einem ungeteilten Bewusstsein, hat einen tiefen Einfluss auf das japanische Denken und die japanische Kultur ausgeübt. Die Überwindung, das Transzendieren des Dualismus wird in seinen Lehren immer wieder betont. Auch deswegen wird *Kyu-Do*, der Bogen-Weg, als eine geistig-körperliche Disziplin betrachtet, die mit sportlichem Ehrgeiz überhaupt nichts zu tun hat. Wer sich auf diesen Weg begibt, muss bereit sein, sich einer schwierigen Übung zu unterziehen. Er nähert sich einer Möglichkeit, sich selbst und die Welt tiefer, intensiver wahrzunehmen und verstehen zu lernen. Auch das Bogenschießen ist eine asketische Disziplin, eine geistig-körperliche Disziplin, die keinem nützlichen Zweck dient und bei der das wirkliche Vermögen, die Kunst, erst dann erreicht wird, wenn die technischen Voraussetzungen und Kenntnisse gleichsam vergessen sind, keine Rolle mehr spielen. Als der *Zen*-Buddhismus durch den Mönch *Eisai* Ende des 12. und Anfang des 13. Jahrhunderts nach Japan kam und sich eng mit dem *Kamakura-Shogunat*, der Samurai-Herrscherfamilie, verband, wurden auch die traditionellen japanischen Kampfkünste vom *Zen* beeinflusst.

Mit der Einführung der europäischen Feuerwaffen ging die
Zeit des Bogens als Kriegswaffe zu Ende. Immer stärker bildete sich das Bogenschießen als geistiges Training und schließlich als eine besondere Form der Meditation heraus. 1660
prägte der Bogenmeister *Morikawa Kozan* erstmals den Begriff
Kyu-Do.

Der Bogen-Weg ist die Kunst, gleichsam mit geschlossenen
Augen das Ziel zu treffen. Man darf nicht auf die Scheibe zielen, so heißt es, sondern auf das Universum.

Die Erfahrung des Weges ist nicht ein Erlebnis wie jedes
andere. Sie geht an die Wurzeln, greift an und ein, sie packt
den, der sich entschlossen hat, den Weg zu gehen, und verändert ihn, fordert ihn existenziell heraus. Das Bogenschießen
vollendet sich als kunstlose Kunst. Das heißt, das Schießen
wird zu einem Nichtschießen, denn Bogen und Pfeil sind nur
etwas Äußerliches. Der Bogenschütze soll nicht mehr an
Leben und Tod denken, nicht mehr an das Treffenwollen. Er
muss versuchen, die Stufe zu erreichen, auf der nicht mehr er,
sondern ES schießt. Er soll so in sich ruhen, dass jede Bewegung wie aus dem Unbewussten kommt.

Es ist verständlich, dass das Schießen mit dem ganzen Sein
nur in einer jahrelangen Übung erlernt werden kann.

Der Stand, die Grundhaltung, die Balance, das korrekte
Erfassen, das Heben des Bogens, das Spannen, die letzte Konzentration vor dem Abschuss, das Lösen des Schusses und die
nach dem Schuss verbleibende Körperhaltung, all diese Stufen
müssen so eingeübt werden, dass jede schon die folgende in
sich enthält, aus ihr hervorgeht. Das Spannen der Bogensehne
darf nicht mit der vollen Körperkraft geschehen.

Die beiden Hände sollen die Arbeit tun, dabei bleiben
Arm- und Schultermuskulatur locker. Der Bogen wird nicht
in Schulterhöhe gehalten, sondern mit beiden gestreckten
Armen hochgehoben. Die Hände befinden sich über dem
Kopf.

Der Schütze zieht die Hände nach rechts und links auseinander, und je weiter sie auseinanderrücken, desto tiefer kommen sie. Dabei beschreiben sie eine Kurve, bis sich die linke, den Bogen haltende Hand bei ausgestrecktem Arm in Augenhöhe, die rechte Hand des gebeugten rechten Armes, welche die Sehne spannt, sich über dem rechten Schultergelenk befindet. Der beinahe einen Meter lange Pfeil reicht nur wenig über den äußeren Bogenrand hinaus. Jetzt hält der Schütze inne, verharrt, ehe er den Schuss löst. Die Anspannung ist beinahe unerträglich. Es ist der Augenblick höchster Konzentration und zugleich intensiver Ruhe. Oft vergeht mehr als ein Jahr, bis man gelernt hat, den Bogen kraftvoll und zugleich mühelos zu spannen. Und auch die Sekunde des richtigen Abschusses will gelernt sein. Er muss absichtslos, zwecklos, ganz gelöst erfolgen.

Eugen Herrigel hat in dem Buch *Zen in der Kunst des Bogenschießens* von seiner jahrelangen Übungs- und Lernzeit berichtet. Sein Meister hat zu ihm einmal über den Abschuss gesagt: »Sie können von einem gewöhnlichen Bambusblatt lernen, worauf es ankommt. Durch die Last des Schnees wird es herabgedrückt, immer tiefer. Plötzlich rutscht die Schneelast ab, ohne dass das Blatt sich gerührt hätte. Verweilen Sie, ihm gleich, in der höchsten Spannung, bis der Schuss fällt. So ist es in der Tat: Wenn die Spannung erfüllt ist, muss der Schuss fallen, er muss vom Schützen abfallen wie die Schneelast vom Bambusblatt, noch ehe er es gedacht hat.«

Ken-Do, der Schwert-Weg

Wie kann man Fechten als meditative Kunst betrachten? Sind das Einandergegenübertreten mit Waffen, das Aufeinandereinschlagen nicht der pure Gegensatz zur stillen Betrachtung? Wie beim Bogenschießen, so kommt es auch beim Schwertkampf nicht darauf an, die Scheibe, den Gegner, zu treffen. Meditation ist nicht immer Stille, körperliche Ruhe. Die Meditation in der Schwertkunst ist absolute Aufmerksamkeit. *Takuan Soho*, ein bedeutender *Zen*-Meister aus dem 17. Jahrhundert, beherrschte auch die Schriftkunst, die Malerei, den Tee-Weg und die Dichtkunst. Er gründete ein Kloster. Alles, was er tat, hat er mit dem Geist des *Zen* erfüllt und drei Schriften über den Geist der Schwert-Kunst hinterlassen, die er als *Zen*-Weg beschreibt.

Eine trägt den Titel *Die geheimnisvolle Aufzeichnung von der bewegungslosen Weisheit*. In ihr heißt es: »Ihr klatscht in die Hände und stoßt zugleich einen Schrei aus. So gibt es kein Eindringen von Haaresbreite zwischen Klatschen und Schrei. Ihr klatscht nicht in die Hände und denkt dabei an den Schrei und stoßt ihn dann aus. So käme ein Zwischenraum zustande. Nein: Ihr klatscht und schreit gleichzeitig. So ist es, wenn euer Geist sich an das Schwert heftet, mit dem euch jemand treffen will. Ein Zwischenraum entsteht, und ihr könnt nicht mehr handeln. Doch wenn in dem Zwischenraum zwischen dem Streich des Gegners und eurer Reaktion nicht eine Haaresbreite bleibt, gehört euch das Schwert des Gegners.«

Der Schwert-Meister *Miyamoto Musashi* hat im 16/17. Jahrhundert gelebt und in seinem Werk *Das Buch der Fünf Ringe* genaue Anweisungen über die Stellungen und Haltungen beim Kampf, über den Rhythmus, die Abwehr und den Angriff gegeben. Über die Schreie während des Kampfes sagt er: »Der Schrei macht Mut, er beweist Kraft. Im Gefecht mit einem Einzelnen schleudert man, um den Gegner zu erschüttern, ganz zu Anfang, wenn man losschlagen will, ein gellendes Eh heraus, worauf auf der Spur des Schreis das Langschwert niedersaust.«

Die Schwertkunst ist nur zu verstehen, wenn man sie als Verbindung von technischer Perfektion der Ausübung und geistiger Erkenntnis begreift. Zur Technik muss das spirituelle Element kommen.

So mag sich der Schwertfechter voll in seiner Kunst geschult haben, er wird nie zum Meister werden, wenn er nicht den Zustand der Leere erreicht, der Leerheit sogar von der Technik seines Tuns. Seine Bewegungen werden ganz von selbst geschehen, ohne Bemühung. In einer berühmten Abhandlung über den Schwert-Weg heißt es: »Lass vom Denken ab, so, als ließest du's nicht. Beachte die Technik, als beachtetest du sie nicht.«

Bei einem Schwertkampf standen sich zwei alte *Kendo*-Meister gegenüber. Fünf Minuten standen sie sich völlig unbeweglich, aufs Höchste konzentriert gegenüber. Auge in Auge, während sich die Spitzen der Schwerter berührten. Nach Ablauf dieser fünf Minuten entschied der Kampfrichter auf Unentschieden. *Dan Millman*, Weltmeister auf dem Trampolin und weltbekannter Turner, unterrichtete an der amerikanischen *Stanford University* und an anderen Universitäten Tanz, Kampfkünste und Yoga. In dem 1984 unter dem Titel *Way of the Peaceful Warrior* (dt.: *Der Pfad des friedvollen Kriegers*) erschienenen Buch beschreibt er seinen Weg zur fernöstlichen, friedvollen Kampfkunst, der, wie er sagt, sein Leben verändert hat.

Er lernt, nicht einfach Techniken zu übernehmen und sie für seine sportlichen Ziele zu nutzen. Vielmehr entdeckt er die grundlegenden Ideen hinter den Techniken. Er beschreibt, dass von nun an jeder Moment beim Training etwas Besonderes war. Ob er auf der Bodenmatte übte oder an den Geräten in der Luft schwebte, immer sei er mit vollster Aufmerksamkeit dabei gewesen. Es sei die Bewusstheit des JETZT gewesen, was er gelernt hatte, wie er sagt.

Und sein Meister stimmt ihm zu, dass der wahre Sinn des Turnens darin bestehe, die Aufmerksamkeit und das Fühlen ganz auf das Tun zu konzentrieren. Wenn ihm dies gelänge, könne er *Satori* erreichen. Das sei der Augenblick der Wahrheit, wo dein ganzes Leben auf ein einziges Ziel ausgerichtet sei – wie der Samurai beim Zweikampf. Er sagt, da hieße es Aufmerksamkeit oder Sterben und aus diesem Grund sei auch das Turnen eine Kriegerkunst. Es sei ein Mittel, Geist, Gefühl und Körper zu trainieren. Es sei eine Pforte zum *Satori*. Als letzten Schritt aber müsse der Krieger die dabei erreichte Klarheit auf sein alltägliches Leben übertragen.«

Immer wieder: die Umsetzung, die Übertragung in den Alltag. Kein nur heraus- oder abgehobenes L'art pour l'art, sondern das Hineinnehmen in die selbstverständlichen, ganz und gar gewöhnlichen Verrichtungen, Gewohnheiten und Lebensläufe.

Ka-Do, der Blumen-Weg

Auch das Blumenstecken, *Ikebana*, ist einer der fünf Wege, auf denen im alltäglichen Leben Vollkommenheit erreicht werden kann. *Ka-Do* meint: die Blume so zum Kunstwerk zu arrangieren, dass Kunst und Natürlichkeit eine wunderbare Einheit eingehen. Das in der Wandnische, in der *Tokonoma*, aufgestellte Gesteck ist das Ergebnis eines geistigen Prozesses, eines Kunststudiums.

Der *Zen*-Meister *Daisetz T. Suzuki* sagte darüber: »In Japan besteht das Kunststudium nicht nur um der Kunst, sondern um der geistigen Erleuchtung willen. Wenn die Kunst bei der Kunst aufhört und nicht in etwas Tieferes und Grundsätz-

*Ikebana-Gesteck, von einer Meisterin
in einer Ikebana-Schule gefertigt*

licheres hineinführt, das heißt, wenn die Kunst nicht gleich-
bedeutend wird mit etwas Geistigem, würden die Japaner sie
nicht des Lebens wert erachten. Kunst und Religion sind so
innig verbunden in der Geschichte der japanischen Kunst. Die
Kunst der Blumen-Anordnung ist nicht Kunst im eigentlichen Sinne, sondern Ausdruck einer viel tieferen Lebenserfahrung.«

Das *Ikebana* wird in besonderen Schulen gelehrt. Und es
dauert lange, bis man es in dieser Kunst zur Meisterschaft gebracht hat. *Ikebana* beginnt beim Schneiden der Blumen. Das
heißt, nicht die natürlich gewachsene Pflanze, die Blume, wird
ins Zimmer gebracht. Wörtlich heißt *Ikebana* das Beleben
der Blumen. Das natürliche Leben, das Wachstum wird abgeschnitten. Neues Leben entsteht unter der ordnenden Hand
der Meisterin, des Meisters. Und es kommt auf die Art des
Schneidens, des Schnittes an. Jeder Handgriff muss gelernt,
geübt werden.

Jeder Handgriff wird ruhig, achtsam und gemessen ausgeführt. Die Zweige werden in die Hand genommen, ihre
Biegsamkeit wird geprüft, die Länge abgemessen, die Zweige
sowie die Stiele der Blumen werden gekürzt.

In der *Ikebana*-Schule, in der Frauen die Kunst des Blu-
mensteckens üben, erlernen, wird nach genauen Regeln vor-
gegangen. Die Meisterin korrigiert behutsam die Handgriffe
der Schülerinnen. Scheinbar sind nur ganz einfache Ordnungen einzuhalten, und eigentlich, so denken wir, müsste das
Anordnen eines Gestecks in einer Vase, in einer Schale, nur
wenige Minuten in Anspruch nehmen. Und beim Zuschauen
stellt man überrascht fest, wie viel Zeit und Geduld erforderlich sind, um das Gleichgewicht zwischen oben und unten,
zwischen Waagerechtem und Senkrechtem herzustellen.

Die Schülerinnen bemühen sich, das Blumenstecken nicht
als Zeitvertreib zu praktizieren, sondern als *inneres Werk* zu
bewältigen. Dabei dürfen nicht Unruhe oder Hast entstehen.

Ein Prozess der Sammlung, der Konzentration ist die Vorbe-
dingung des Gelingens. Während der Arbeit soll nicht gesprochen werden. Kein Wort soll von der Konzentration ablenken.

Auch auf dem Blumen-Weg gibt es eine Stufenleiter der
Meisterschaft, und natürlich können auch Männer diesen Weg
betreten.

Wenn man den Meistern bei der Herstellung eines *Ikebanas*
zusieht, spürt man, welch eine Sicherheit, die in jahrelanger
Übung gewonnen wurde, in jedem Handgriff liegt.

Cha-Do, der Tee-Weg

Im Tee-Weg sind alle Aspekte des *Zen* zusammengekommen:
Kunst, Stille, Konzentration, Einfachheit, Ästhetik. Der im
Westen gebrauchte Begriff *Teezeremonie* kann irreführend sein,
und so ist es sicher angebracht, den Tee-Weg als eine der Dis-
ziplinen und Übungen zu beschreiben, die den Eingang in
eine besondere Kultur gefunden haben und mit denen eine
besondere Weise der Spiritualität verbunden ist.

Wie so vieles in der japanischen Kultur, so kam auch der
Tee aus China. Bei den chinesischen *Ch'an*-Mönchen war der
Tee das wichtigste Getränk, weil er die bei langen Meditationsübungen aufkommende Müdigkeit vertrieb, weil er wach
hielt, ohne den Körper zu vergiften. Und schon in China gab
es einige Regeln für das Teetrinken, doch zunächst hatte der
Genuss von Tee einen ganz praktischen Zweck.

Der Mönch *Dogen* brachte 1227 die Regeln der *Soto*-
Schule von einer Chinareise nach Japan zurück und führte in
seinem Kloster die Teeregeln ein, die er bei seinem Besuch
kennengelernt hatte.

In Japan entwickelte sich der Tee-Weg als eine besondere
Form der *Zen*-Kultur, der buddhistischen Klosterkultur. Man

richtete kleine Räume schließlich auch außerhalb der Klöster ein, in denen man den Tee im Stil des *Zen* trank. Man studierte die *Zen*-Regeln und führte das Teetrinken als eine Weise des ästhetischen Lebensvollzuges ein. Einfachheit war das Grunderfordernis. Und so errichtete man eigene einfache Hütten, um in ihnen in Anmut den Tee zu trinken. Ein strenges System des Tee-Weges entwickelte aber erst *Sen no Rikyu*, ein *Zen*-Lehrer im 16. Jahrhundert. Er legte Regeln fest, die bis heute gelten.

Wie in keinem anderen Land der Welt ist das Teetrinken in Japan zum Teil der Kultur geworden. Es hat Wohn- und Genussformen bestimmt, es hat einen Verhaltenskodex entwickelt.

»Wie übernatürlich und geheimnisvoll: Ich schöpfe Wasser und trage Brennholz«, sagte ein *Zen*-Mönch. Eine simple alltägliche Handlung, die Vorbereitung des Feuers, ein einfaches Essen, das Teetrinken, werden zu einem Erlebnis, das die ganze Tiefe des Seins mitenthält. Aus dem Teetrinken und dem *Zen* wurde eine besondere kulturelle Form, deren Ziel es war, ein Leben in Ruhe und Einfachheit zu führen.

Zum Weg des Tees gehört der Tee-Garten, der *Roji*. Übersetzt heißt *Roji Tau-Pfad* oder *Tau-Grund*. Dieser Garten verbindet Natürlichkeit und Einfachheit. Er sollte so unaufdringlich wie nur möglich erscheinen. Keine Pflanze in ihm sollte sich hervorheben. Er ist im Geist des *Zen* geschaffen worden. Die ursprünglich winzigen Gärten, etwa der vor dem Teehaus des Abtes im *Ryoan-ji*, sind Beispiel für die Kunst der Beschränkung, des Weglassens.

Ein Steinweg führt vom Tor zum Eingang der Teehütte. Teehaus wie Garten sollten ganz schlicht aussehen.

Trittsteine, alte moosbedeckte Steinlaternen, ein Wasserbecken und das strohgedeckte hölzerne Teehäuschen bilden den Rahmen für den Tee-Weg, den später berühmte Tee-Meister in der Bereitung des Tees und im Trinken des zu Pulver gemahlenen und mit kochendem Wasser aufgegossenen Tees zu einem rituellen Vorgang, zu einer Kunst entwickelten.

Cha-no-yu, der Weg des Tees, ist die auch heute noch wahrnehmbare und geschätzte Manifestation des *Zen*-Geistes, der *Zen*-Kultur. Und so hat *Zen* über die Jahrhunderte hinweg nicht nur in der Religion und in den Künsten, sondern auch im alltäglichen Leben der Menschen tiefe Wurzeln geschlagen.

Sensibilität, Einfachheit, Natürlichkeit, die Bevorzugung natürlicher Materialien werden im Teeraum beim Vollzug des Tee-Weges sichtbar.

In einem Teil des weitläufigen *Daitoku-ji* liegt der *Shinju-an*, ein Untertempel. Er wurde von *Ikkyu Sojun*, einem berühmten *Zen*-Priester gegründet.

An diesem Ort ist die einzigartige Ausstrahlung der *Zen*-Kultur besonders spürbar, im Garten, in den Räumen, in seinen Kunstwerken.

Über den *Zen*-Priester *Ikkyu* gibt es sehr viele Anekdoten. Er lebte von 1394 bis 1481 und war ein außerordentlich freier, witziger, spontan reagierender Zeitgenosse. Die meisten Anekdoten wurden lange nach seinem Tod aufgeschrieben, geben aber ausgezeichnet sein Wesen und seine Lebensanschauung wieder. *Ikkyu* war ein extremer Freigeist, der alle dogmatischen Festlegungen ablehnte und ein feines Gespür für Satire hatte. Er habe, so erzählt man sich, von dem *Zen*-Meister, der ihn belehrte, ein Dokument erhalten, das seine Erleuchtung bestätigte. Doch *Ikkyu* weigerte sich, es anzunehmen. Später verbrannte er es vor Zeugen. Wichtig war ihm das Praktizieren seiner Erleuchtung, nicht ein Stück Papier, das sie beweist. *Ikkyu* war wahrscheinlich der freieste Denker, den das japanische *Zen* hervorbrachte.

Er lebte während der *Muromachi*-Periode, einer bewegten Zeit in Japans Geschichte. Sie war auch eine Periode des Wandels in der Entwicklung der Nation. Kriege folgten aufeinander, und diejenigen, die eine Machtposition innehatten, wurden fortlaufend ihrer Ämter enthoben und durch neue Herrscher ersetzt.

Diese Epoche war eine Zeit der überschäumenden Freiheit, wie sie selten in der japanischen Geschichte vorkam.

Man sollte sich die in Kioto entstandene und weiterlebende *Zen*-Kultur nicht nur als eine weltabgewandte, asketische Disziplin vorstellen. Etwa auf den Wandbildern im *Shinju-an* sieht man immer wieder lachende, sich amüsierende Mönche. Und auch die *Zen*-Geschichten, die Erlebnisse, welche die Anhänger zur Erleuchtung führen sollen, enthalten immer wieder witzige, paradoxe, überraschende Situationen.

Die Verbindung zwischen *Ikkyu* und *Shuko*, dem Begründer der Teezeremonie, begann im *Shinju-an*. Durch das Studium des *Zen* unter *Ikkyu* kam *Shuko* in Kontakt mit der Essenz des *Zen*. Mit der Aussage, dass die Buddhaschaft und damit die Erleuchtung in der Alltäglichkeit des Lebens zu finden sei. Als *Shuko* das aufgegangen war, führte er eine neue Teezeremonie, den Weg des Tees, ein. Der Tee sollte in einfachen Hütten getrunken werden, ohne den Pomp der Teezeremonie, die zu dieser Zeit noch ungebräuchlich war. *Shuko* kam die Erleuchtung, dass das Buddha-Gesetz auch im Tee-Weg liege. Schönheit sollte im *wabi* gefunden werden, einer Lust an Einfachheit und Ruhe. *Shuko* lehnte jeden Prunk und Pomp ab. Nichts Auffallendes sollte stören. Und das Ziel des zeremoniellen Teetrinkens war, Herr über den eigenen Geist zu werden. Angestrebt wurde, mit anderen Worten, das Erwachen der Erkenntnis, dass die verborgenen Prinzipien des Tees und des *Zen* ein und dasselbe sind.

Sen no Rikyu, der von 1522 bis 1591 lebte und *Shuko* nachfolgte, perfektionierte die Teezeremonie. *Rikyu* vollendete, was sein Vorgänger angelegt hatte. Er formulierte, der Sinn der Zeremonie sei es, das Teezimmer zu einem reinen und unbefleckten Land Buddhas zu machen. Schon im Raum, in der

Anordnung der Wände, in der Einrichtung wird die ästhetische Ordnung zu einer geistig-geistlichen. Und in den Handlungen, den Gesten, ist der Sinn zu einer lebendigen, kunst-
vollen Gestalt geworden.

Rikyu war kein armer Mönch, kein Einsiedler mehr, sondern lebte im höfischen Bereich, nahm an den höfischen
Ereignissen teil. Und er wurde vom *Shogun Hideyoshi* bezahlt.
Die sieben Tee-Regeln, die er aufgestellt hat, beziehen sich
daher eher auf den höfischen als auf den klösterlich-mönchi-
schen Bereich. Mit ihm hat der Tee-Weg begonnen, der die
japanische Kultur dann über die Jahrhunderte begleitet hat.

Eine Institution, in der die geradezu zu einem Kult entwickelte Teezeremonie geübt und gelebt wird, ist *Urasenke*.
Heute besitzt *Urasenke* Nebenstellen in aller Welt. Im kleinen
Teegarten, im Teehaus der Stiftung in Kioto, ist vor allem die
verfeinerte Kunst des Tee-Weges zu erleben.

Der Tee-Weg folgt hier strengen Regeln. Er beginnt im Gar-
ten des Tee-Hauses. Der Garten, *Roji* genannt, besteht aus einem äußeren und einem inneren Bereich. Der äußere ist der
Warte- und Vorbereitungsraum, der innere, der vom äußeren
durch ein Tor getrennt ist, ist der eigentliche Garten des Tee-
Zimmers. *Roji* ist auch der Gartenpfad, der durch den Tee-
garten führt. Er wird zum Symbol für die Lehre vom Tee. Die
Natur, der Pfad, die Schritte über die Trittsteine stimmen den
Besucher ein auf das Tee-Ritual. Wenn die Vorbereitungen im
Teeraum beendet sind, öffnet der Gastgeber das mittlere Tor
des inneren Bereichs und begrüßt die Gäste wortlos mit einer
einfachen Verbeugung. Die Gäste antworten, indem sie sich
von der Bank erheben und sich ebenfalls stumm verbeugen.
Dann gehen Gastgeber und Gäste durch den Garten zum im
inneren Garten gelegenen Wasserbecken. Der Gastgeber, hier
der Teemeister der *Urasenke*, bereitet das Wasserbecken für das
Reinigungsritual vor. Das Wasser dient der Reinigungszere-

Teezeremonie in der Urasenke-Stiftung in Kioto

monie, mit der deutlich gemacht wird, dass man den Staub der
Welt abwäscht, ehe man mit dem eigentlichen Tee-Weg beginnt. Reinigungszeremonien sind wichtiger Teil aller Vollzü-
ge in den Weltkulturen und Religionen. Man betritt das Heiligtum, den inneren Bereich, erst dann, wenn man mit Wasser
den Schmutz abgewaschen hat, der einen vom Reinen und
Heiligen trennt.

Am Eingang des Teeraums werden die Sandalen abgelegt.
Die Schiebetüre wird geöffnet. Mit vorgeneigtem Oberkörper
und geneigtem Kopf kriecht der Gast in den Teeraum.

In den Tagen des *Shoguns Ashokaga Yoshimasa* wurde es üblich,
die Größe des Teeraums auf viereinhalb Reisstrohmatten zu
beschränken. Der Raum ist also winzig. Viereinhalb Tatamimatten: Das sind nur wenige Quadratmeter. Es gibt auch Räume von nur zwei Tatamimatten. Nur schwaches, diffuses Licht
herrscht im Innern. So wird der Geist nach innen gelenkt, gesammelt. Auch die Ausstattung ist eher karg zu nennen. Einfachheit und Ruhe bestimmen den Raum. Eine Ruhe, in der
das Geräusch des kochenden Wassers bedeutsam wird. Der
Geist des *Zen* wird sichtbar schon in der äußeren Gestalt des
Teezimmers. Nur wenige erlesene Kunstgegenstände ziehen
die Aufmerksamkeit auf sich. Eine Bilderrolle, die eine Kalligrafie oder eine Landschaft zeigt. Ein paar Blumen in einem
schönen Gefäß. All das ist Ausdruck des *Zen,* ist in einem
außergewöhnlichen Gleichgewicht. Der Raum wird zu einer
Zelle der Sammlung. Der Platz des Gastgebers, jener der
Gäste, die Plätze der für den Tee-Weg benötigten Utensilien,
alles ist genau vorgeschrieben und darf nicht um einen Zenti-
meter verändert werden.

Der Tee-Meister der *Urasenke* vollzieht jeden Handgriff,
jede Bewegung so wie der Bogenschütze beim *Kyu-Do* oder
wie der Schwertkämpfer beim *Ken-Do* aus einer völlig zur
Ruhe gekommenen Mitte heraus, in der die genaue Einhal-

tung der Vorschriften nicht mehr Zwang, sondern Selbstverständlichkeit geworden sind.

Eine Schale Tee vereint Gastgeber und Gäste. Beide, der
Gastgeber, der den Tee zubereitet, und der Gast, der zusieht,
werden eins mit dem Wind, der über den Himmel streicht,
ohne es zu wissen, und dem tiefen Frieden und der Ruhe,
die den schwach erleuchteten Raum des kleinen Teezimmers
erfüllt, das nur zwei mal drei Meter misst.

Dieses Eins-Sein breitet sich im Universum aus und erreicht eine Wirkung gleich der des *Satori* im *Zen*, welches das
Ich verneint. Der Tee-Weg soll in vollkommener Stille vollzogen werden. Aber drei Geräusche kennzeichnen ihn: Das
Klicken des Deckels auf dem Kessel, das Aufsetzen der Tee-
schale auf der Matte und das Klicken des Teelöffels auf der
Teeschale. Der Gast ist aufgestanden und geht zum Teemeister
hinüber. Dort nimmt er die Teeschale in Empfang und geht an
seinen Platz zurück. Bevor er trinkt, stellt er die Schale auf die
Matte, er verbeugt sich und grüßt den weiteren Gast mit den
Worten: »Entschuldigen Sie, dass ich vor Ihnen trinke.« Vor
dem Trinken wird die Teeschale hochgehoben und betrachtet.
Die schöne Form wird intensiv zur Kenntnis genommen. Die
Schale wird auf der Hand gedreht.

Urasenke bewahrt die hundert Regeln *Rikyus* für den Tee-
Weg auf. Eine davon lautet: »Wenn jemand den Tee-Weg betreten will, muss er sein eigener Lehrer sein.«

Der Blick in eine Teeschale. Das Grün des aufgebrühten
Teepulvers ist lebendig. Winzige Bläschen öffnen sich in die
Luft. Ein Mikrokosmos scheint in kaum merkbarer Bewegung
zu sein. Für einen Augenblick ist das grüne Rund zum Weltmittelpunkt geworden.

Sho-Do, der Schrift-Weg

Der Schrift-Weg: Die Leistung, in Sekunden mit dem Pinsel das vollkommene Schriftzeichen auszuführen, es ohne Zögern auf das Papier zu setzen. Das heißt, dass sich die Schriftzeichen zuerst endgültig im Kopf fixiert haben müssen, sodass die Hand nur noch wie ein geführtes Werkzeug das Vorgedachte vollzieht, den Gedanken ins Schriftbild umsetzt. Auch heute noch gibt es einige Kalligrafie-Schulen, in denen man die verschiedenen Schriftzeichen erlernen kann, auch die verschiedenen Schriftarten. Das Werk von Schriftkünstlern wird in Ausstellungen gewürdigt. Hängebilder, auf denen nur Schriftzeichen zu sehen sind, werden den Landschaftsbildern als ebenbürtig zur Seite gestellt. Die geradezu kultische Verehrung von meisterhafter Kalligrafie kommt aus China. Dort ließen Kaiser im Palast eigene Räume errichten, um eine Kostbarkeit, ein Schriftkunstwerk, aufzubewahren. So schätzten Kaiser Kalligrafien des berühmten, im 4. Jahrhundert lebenden chinesischen Künstlers *Wang Xizhi* mehr als alle anderen von ihnen gesammelten Kunstwerke. Nicht der Inhalt des Geschriebenen wurde bewundert, sondern die Einzigartigkeit, mit welcher der Künstler die Zeichen geschrieben hat. Die Kalligrafie, das kostbare Gefäß, in das die Sprache, das menschliche Wort, gegossen wird, erhielt in China als die höchste aller darstellenden Künste einen über die Malerei hinausreichenden Rang. Die Kalligrafie wurde für die gebildeten Chinesen eine Quelle des ästhetischen Genusses. Auch für japanische Museen gehören Kalligrafien zu den Kostbarkeiten. Manche dieser Kunstwerke wurden von chinesischen Meistern für ihre japanischen Schüler geschrieben.

Die chinesische und die japanische Schrift: Bild-Zeichen, nicht die Aneinanderreihung von Buchstaben. Sieht man einem Schriftkünstler zu, wie er konzentriert die letzten Sekunden, den Pinsel schon in der Hand, innehält, ehe er das nicht mehr veränderbare Zeichen auf das Reispapier setzt, wird schnell deutlich, dass diese Kunst Gleiches erfordert wie das Spannen des Bogens, das Ordnen der Blumen, das Bereiten und Trinken des Tees sowie der genau gezielte Schwertstreich: Das Versammeln aller Kräfte in einen Augenblick, das Leerwerden, das Leer-Sein vor dem entscheidenden, sekundenschnellen Akt.

Naturverbundenheit

Der Garten des *Saiho-ji* liegt im Süden Kiotos an den Ausläufern des Arashiyama-Berges. Der *Saiho-ji* wurde zu Beginn der sogenannten *Muromachi*-Periode geschaffen, als der Priester *Muso Kokushi* die Gebäude seines Klosters wiedererrichten ließ.

Der auch *Kokedera* genannte Garten ist eine Landschaft, die man durchwandern muss. Der Mittelpunkt des Gartens ist der *Goldene Teich*, der am Fuße eines Hügels ausgegraben wurde. Im Teich sind einige Inseln sichtbar, zu denen kleine erdbedeckte Holzbrücken führen. Man muss den Teich und damit den Garten auf einem Weg umwandern, der zu immer neuen Ausblicken und Landschaftsabschnitten führt.

An den Enden des Teiches und im Teich selbst sind Felsen zu sehen. Um den Teich stehen immergrüne Bäume und auch Bäume, deren Laub sich im Herbst wie das des Ahorns gelb und in feurigem Rot verfärben. Der Pfad führt unter den Bäumen am Teich entlang. Der Gartenkünstler hat eine unvergleichliche poetische Landschaft geschaffen, die im Betrachter ein Gefühl der Befriedung und Stille auslöst. Der Garten ist ein Paradies-Garten, er gibt das Konzept des *Reinen-Land*-Buddhismus wieder, in dem der Garten das irdische Abbild des Paradieses ist, das den *Amida*-Buddha umgibt. *Kokedera* heißt Moostempel. Diesen Namen erhielten Tempel und Garten, weil der gesamte Boden mit Moos bedeckt ist und weil dort mehr als zwanzig Moosarten wachsen, die anders als Gras einen samtenen, in unterschiedlichem Grün leuchtenden Teppich bilden, der sorgfältig gepflegt wird und nur gedeiht, weil ihn genügend Feuchtigkeit frisch hält.

Zu allen Jahreszeiten ist der *Kokedera* eindrucksvoll. Aber seine ganze stille Pracht entfaltet er im Herbst, wenn am Morgen die Sonne das erste Licht durch die Blätter der Bäume schickt, wenn die Ahornzweige sich gegen die Sonne blutrot im leichten Wind bewegen oder ein Zweig sein buntes Laub auf das Moos herabregnen lässt. Oder wenn die leichte Strömung des Wassers die gefallenen Blätter über den schlammigen Grund dahintreibt.

In einem sehr kurzen Gedicht, das der Lyriker *Joso* im 17. Jahrhundert schrieb, ist das Mysterium des Seins, des Lebens auf eindrückliche Weise eingefangen:

»Unter dem Wasser
rastend auf dem Stein
gefallene Blätter.«

Nichts als eine simple Beobachtung. Die gefallenen Blätter haben ihren Platz auf einem Stein im Fluss gefunden. Sie sind unansehnlich geworden, haben ihre Farbe verloren. Sie sind umhergewirbelt worden, auf ein Dach gefallen, sie wurden zerbrochen, und schließlich sind sie gleichsam abgelegt worden. Der Dichter sieht, dass sie still ausruhen, so, als hätten sie ihren endgültigen Platz erreicht. Er spricht nichts weiter an. Er stellt keine Bezüge her. Nur die Stille des Ruhens drückt das Gedicht aus.

Der *Zen*-Mönch *Ikkyu Sojun* lebte im 15. Jahrhundert. Er hat viele Gedichte im chinesischen Stil geschrieben. Er war ein Nonkonformist, der die *Zen*-Mönche kritisierte, die in den großen Klöstern ein bequemes Leben führten. In seinen Gedichten ist die Einheit mit der Natur spürbar.

In einem dieser Gedichte heißt es:
»Die Sumpfbinse
schon beinah verdorrt.
Herbst am kleinen Fluss.
In einem zerbrechlichen Kahn: das ganze Leben.
Himmel und Erde
belanglose Zutat.«

In einem anderen Gedicht benennt er die Melancholie des
Herbstes:
»Ein melancholischer Herbstwind
bläst durch die Welt.
Das Pampasgras schwankt
so, wie wir zum Moor treiben,
treiben ins Meer.«

Und wieder in einem anderen Gedicht:
»Ungestört
durch lästige Besucher
genieß' ich die Stille.
Unter fallenden Blättern,
unter wehenden Blüten
geschieht Erleuchtung
ganz von selbst.«

Eugen Herrigel, der deutsche Gelehrte, dem das Verdienst zu-
kommt, als einer der Ersten den Europäern die Augen für den
Zen-Weg geöffnet zu haben, sagt in dem Buch *Der Zen-Weg*
über die besondere *Zen*-Mystik: »Für den *Zen*-Buddhisten lebt
alles Daseiende außer dem Menschen, leben Tiere und Pflanzen, Stein und Erde, Luft, Feuer und Wasser, anspruchslos aus
der Mitte des Seins, ohne sie verlassen zu haben und verlassen zu können. Will der verirrte und verwirrte Mensch die
Geborgenheit und Unschuld des Daseins erlangen, die jene so

überzeugend darlegen, weil sie von Grund auf absichtslos sind, dann bleibt ihm nichts anderes übrig als radikale Umkehr. Er muss den Weg, der sich ihm in tausend Ängsten und Nöten als Abweg entlarvt hat, zurücknehmen, alles von sich abstreifen, was ihn zu sich selbst zu bringen verspricht, dem verlockenden Zauber eines Lebens aus eigener Macht entsagen, um heimzukehren in das ›Haus der Wahrheit‹, das er, Phantomen nachjagend, mutwillig verlassen hat, kaum war er flügge geworden. Er muss nicht ›werden wie die Kindlein‹, sondern wie Wald und Fels, wie Blüte und Frucht, wie Wetter und Sturm.«

In den Gärten Kiotos, in der Landschaft um Kioto ist diese Durchsichtigkeit, die auch die Offenheit des Geistes meint, auch heute noch spürbar, auch wenn Verkehr und Urbanisierung sich immer weiter ins Land fressen. Wenn der Buddhist die Stimme eines Vogels hört, so hört er in ihr auch die seiner Eltern. In der Schönheit der Lotos-Blüte sieht er die unaussprechliche Herrlichkeit des *Reinen Landes*, die Größe und Gegenwart Buddhas, aber zuerst und eigentlich die Blume und nichts sonst.

Und so hat Japan eine unvergleichliche Naturlyrik entwickelt, die fern von westlichen romantischen Naturgefühlen sich ganz direkt den Kiefern, den Blumen, den Tieren, den Naturlauten, den Jahreszeiten zuwendet. Auf den Wandschirmen, auf den Rollbildern finden sich diese unmittelbar gleichsam in Kunstwerke übersetzt. Das Porträt des Priesters *Myoe* zeigt den Mönch der *Tendai*-Schule in Meditationshaltung, wie in die Natur eingewachsen. Auf den Rollbildern sind häufig neben den Naturdarstellungen auch, wie in einem Gedicht, Naturerfahrungen aufgeschrieben.

In den Haiku-Kurzgedichten sind die Begegnung mit der Natur, das Prinzip Achtsamkeit, die Unmittelbarkeit der Naturwahrnehmung zur Weltgeltung gelangt. So wird die Kirschblüte zum jedes Jahr wiederholten Fest, das ganz Japan in

Der meditierende Priester Myoe im Baum,
Kozan-ji in Kioto

einen Taumel versetzt, so werden die Gelb- und Rotfärbun-
gen des Ahorns im Herbst zur immer wieder neuen Erfahrung. In einem Herbstgedicht des Lyrikers *Ransetsu* heißt es:

»Prächtig steigt der Herbstmond
über das Wasser, aus dem
silberweiß der Dunst kroch.«

Herbst – die Ahornbäume sind in prunkendem Rot ent-
flammt. Wie im Frühling die Kirschblüte, so werden im Herbst
die Ahornblätter bewundert. Das fallende Herbstlaub hat immer wieder die Dichter inspiriert. Der Herbst zeigt nicht nur
den Blätterfall. Er zeigt, dass alle körperlichen Kräfte verfallen,
überall in der Natur und auch im Menschen. Wir spüren den
Verfall in uns, und so können wir ihn in den Vorgängen um
uns bemerken. Der Haiku-Dichter *Basho* schrieb am Ende
eines September-Monats:

»Dieser Herbst,
wie alt werde ich:
Oh, die Wolken, die Vögel.«

Basho klagt nicht nur über das herbstliche Verlöschen. Er
erinnert sich an seine wahre Natur, an die der Wolken und
Vögel. Die Wolken verändern sich ohne Schmerz. Wolken und
Vögel sind nichts Besonderes. Sie sind Teil des wahren Selbst
des Dichters. Indem *Basho* in die Natur eintaucht, kehrt er zu
sich selbst zurück.

Daisetz T. Suzuki hat gesagt, man verstehe das kulturelle
Leben der Japaner einschließlich der innigen Naturliebe
nicht, wenn man nicht in die Geheimnisse des *Zen* eintauche.
Und er meint, ästhetisches Naturverständnis habe immer auch
etwas Religiöses an sich. Ein Haiku des Dichters *Buson:*

»Ein Abend im Herbst;
sogar in der Einsamkeit.
verspürst du Freude.«

Der Berg Hiei ist 848 Meter hoch. Er wird von den Bewohnern Kiotos geliebt und verehrt, da der *Enryaku-ji* auf diesem Berg steht und man ihn von jedem Stadtteil Kiotos aus sehen kann. Der Blick vom *Entsu-ji* aus auf den Berg ist wohl der schönste. Er erfüllt auf eine unbegreifliche Weise den Stil der geborgten Landschaft. Das heißt, der Stein-Moos-Garten vor der Veranda bezieht die vor ihm liegende, sich bis zum Gebirge erstreckende Landschaft mit ein. Eine geplante Urbanisierung mit einer Straße und Häusern radiert diesen einzigartigen, in Jahrhunderten entstandenen und bewahrten Blick weg.

Der japanische Komponist und Flötist *Tosha Suiho* wurde 1941 geboren und hat mit sechs Jahren begonnen, bei seinem Vater das Flötenspiel zu erlernen. Schon als Kind beherrschte er die traditionellen Instrumente der japanischen Theatermusik. Er studierte klassische japanische Musik, spielte aber auch in verschiedenen Jazzbands. Heute lebt er in der Nähe von Kioto und ist der Landschaft und Natur besonders verbunden. Seine Aufnahmen *Die vier Jahreszeiten in Kioto,* bei denen er Flötenimprovisationen und Naturlaute kombiniert hat, sind ein internationaler Erfolg geworden. Da sie mich seit dem ersten Anhören vor Jahren immer wieder begleitet hatten, wollte ich diesen Komponisten und Musiker unbedingt in Japan kennenlernen. Im Gespräch mit ihm ist vor allem die traditionelle Verbundenheit von Kultur und Natur in Japan zur Sprache gekommen. Zur Komposition *Die vier Jahreszeiten in Kioto* sagt er:

»Vor der Aufnahme habe ich verschiedene Orte in Kioto besucht. Zu Tageszeiten, da Touristen dort hingehen, hätte ich diese Erfahrungen nicht machen können. Überall bin ich von dem vielfarbenen Hauch der Natur, dem Rauschen des Windes, dem Murmeln des Wassers und dem Zirpen der Insekten berührt worden. Wenn ich mit einer bestimmten Melodie und einer bestimmten Vorstellung im Kopf an einen dieser Orte ging und das komponierte Stück dort aufführte, stimmte irgendetwas nicht. Ich gab die bisherige Melodie auf und spielte das, was mir einfiel, dann erst kam ein lebendiger Ton heraus. Ich empfand schmerzhaft, wie machtlos das Stück, das ich mir ausgedacht hatte, vor der Größe und dem Reichtum der Natur war. In diesem Jahr ist mir meine Existenz zwischen dem endlosen Himmel und dem abwechslungsreichen Ort Kioto von Neuem bewusst geworden. Ein großer Gewinn war für mich, zu erkennen, dass nicht nur die Musik, sondern auch mein Leben als Mensch mit der Natur eins werden, ein Teil der Natur werden muss.«

In einem Interview äußerte sich *Tosha Suiho* zu seiner Beziehung zur Natur:

»Warum habe ich den Tempel *Kurama* gewählt? Ich kann dazu zwei Gründe nennen. Vor dem Haupttempel liegt ein Meteorit, der aus dem All kam. Wissen Sie, die Musik wird nicht mit dem Intellekt im Gehirn komponiert. Eine Botschaft aus dem All, die mein Gehirn erreicht, ermöglicht es mir, dass aus meiner Flöte eine Melodie entsteht. Ich erhalte die Melodie aus dem All. Der zweite Grund liegt darin, dass hier einst der geniale Flötenspieler *Minamoto Yoshitsune* lebte. *Yoshitsune* – er hieß mit seinem Kindernamen *Ushiwakamaru* – verbrachte seine Kindheit in diesem Tempel.

Nach einer Sage soll er sich in den tiefsten Tempelbezirk, Okunoin, in den Bergen zurückgezogen haben, um sich in der Schwertkunst zu üben. Dabei soll ein Fabelwesen, *Tengu*, also ein nicht sichtbares Wesen aus dem All, *Ushiwakamarus* Lehrmeister gewesen sein. Wenn ich in Okunoin und vor dem Meteoriten meine

Flöte erklingen lasse, dann spiele ich nicht etwa die von
mir komponierte Melodie, sondern Melodien, die mir
vom All, von der Natur und von den Geistern der Jahrhunderte, von alten Bäumen und Bergen geschenkt
werden. Deshalb habe ich diesen Platz gewählt. Meine
Beziehung zur Natur. In meiner Kindheit pflegte ich
am Ufer des Biwa-Sees mein Flötenspiel zu üben. Ich
spielte auch in Otsu und am Berg des *Mü*-Tempels Flöte. Seit Alters her wird überliefert, dass man die Flöte
entweder in den Bergen oder am Seeufer zu spielen hat.
Viele Flötenspieler pflegen diese Tradition nicht mehr.
Mein Vater nahm mich in meiner Kindheit zum Flö-
tenüben immer in die Natur mit. Das war der Anfang
meiner Freundschaft mit der Natur. Früher kannte ich
deshalb das Flötenspiel auf der Bühne nicht. Jahrzehntelang glaubte ich, dass nur ein in der Natur vorgetragenes
Flötenspiel als echt bezeichnet werden könne. Als ich
zum ersten Mal auf einer Bühne spielen sollte, war ich
innerlich fest davon überzeugt, dass dies nicht der rich-
tige Platz für das Flötenspiel war. Mit zunehmendem
Alter wurde in mir der Wunsch groß, wieder zur Natur
zurückzukehren. Denn ich konnte in einem Zimmer
keine gute Melodie spielen. Wenn ich dagegen gedan-
kenlos in der Natur verweile, kommen mir Vogelge-
zwitscher und Stimmen des Windes, der Berge und der
Bäume zu Ohren. Diese Stimmen der Geister der Natur geben mir offenkundig Inspirationen und lassen in
mir Flötenmelodien entstehen. Auf diese Weise sind
die Natur und Ich untrennbar miteinander verbunden.
In der Natur sind viele elektromagnetische Wellen aus
dem All vorhanden. In die von Betonmauern umgebenen Räume können diese Wellen nicht eindringen. In
einem Tempel gespielt, kommen wunderschöne Töne
aus meiner Flöte. Wenn ich aber in einer von Beton-

wänden umgebenen Konzerthalle spiele, gelingt es mir
nicht, meiner Flöte solch schöne Töne zu entlocken,
weil keine Wellen aus dem All mich erreichen. Darum
spiele ich lieber im Tempel. Ich komponiere und spiele
meine Flöte in einem geistigen, spirituellen Zustand des
Zen. Die geistige Verfassung ist vollkommen gleich wie
beim *Zen*. Ich bin der Meinung, dass Japaner mit der
Natur in Harmonie leben.

Aber unter den modernen Japanern gibt es viele, die
verwestlicht geworden sind. Diese Leute haben das
Schöne und das Gute von Japan vergessen. Sie bevorzu-
gen westliche Architektur und zerstören die Natur.
Jedesmal, wenn ich für die Flötenübung in die Berge
gehe, muss ich sehen, dass Berge zerstört werden, damit
neue Häuser und Straßen gebaut werden können. Das
ist unsere Situation. Unter dem Einfluss der westlichen
Zivilisation ist es bei uns heute so weit gekommen,
dass die Menschen die Natur zerstören. Die westlichen
Menschen versuchen umgekehrt vom japanischen *Zen*
etwas zu lernen, was Japaner selbst schon vergessen
haben.

Der *Zen*-Buddhismus lehrt uns, dass die Natur und
der Mensch eins seien. Die heutigen Menschen in Japan
tragen Berge ab, um mehr Platz für Häuser und Straßen
zu gewinnen. Die Überbevölkerung ist eine der Ursachen für diese fortschreitende Naturzerstörung. Es ist,
als ob wir Menschen die Natur mit den Zähnen zer-
reißen wollten, wie uns dies die westliche Zivilisations-
geschichte schon vorgelebt hat. Als Flötenspieler bin
ich der Überzeugung, dass wir die Natur viel mehr
achten müssen. Es wäre schön, wenn Wissenschaftler
anstatt der die Menschheit vernichtenden Atombombe
eine Bombe erfinden könnten, welche die Erde mit einem Schlag zu verschönern in der Lage wäre. Japaner

glauben, dass es kaum ein anderes Land gibt, in dem sich die vier Jahreszeiten so deutlich voneinander unterscheiden. Unsere Ahnen erfreuten sich am Wechsel der vier Jahreszeiten. Sie tranken *Sake* unter Kirschblüten oder suchten Seelentrost und Seelenruhe bei den Herbstfarben. Warum suchen die modernen Menschen die Natur? Gerade die voranschreitende Verstädterung treibt die Menschen dazu, aus ihren engen Räumen zu flüchten und eine Art Auffrischung in der Natur zu suchen, gute Luft zu atmen, sich der schönen Landschaft zu erfreuen und gutes Essen zu genießen. Sie finden dabei seelische Erholung. Gerade die Verstädterung erhöht dieses Bedürfnis. Die Verwestlichung und die Verstädterung veranlassen die Menschen dazu, in der Natur die vier Jahreszeiten zu erleben. In der Natur und in den Bergen suchen die Menschen schönere Luft, als sie diese in den Städten haben, und bewundern dort schöne Färbungen und Kirschblüten. Das ist eine Art Gesundheitspflege.

Der Winter wirkt auf mich viel intensiver als der Herbst. Der Winter lässt mich die Härte des menschlichen Daseins spüren. Der Herbst sticht durch die Färbung hervor. Das ist für mich nur Schönheit. Es ist richtig, dass die meisten Menschen den Herbst lieben. Ich weiß aber nicht, warum. Vielleicht wegen der Veränderung der Bäume, von der Verfärbung bis hin zum Verwelken. Die Bäume verwandeln sich ja gerade im Frühling und im Herbst. Japaner lieben den Frühling und den Herbst. Im Frühling blühen die Kirschbäume; neue Gräser und Pflanzen keimen. Die Menschen lieben das neu aufkeimende Leben.

Im Herbst verwelken Blumen, was an das Altern des menschlichen Körpers erinnert. Die Färbung ist die Pracht vor dem Verwelken. Die Menschen möchten die

zum letzten Mal vor dem Ende noch einmal aufflam-
mende Schönheit erleben. Das ist ein natürliches Verlangen der Menschen, jedenfalls scheint mir dieses Verlangen bei den Japanern besonders ausgeprägt zu sein.«

In den geheiligten Orten um Kioto lebt die Natur. Die bewaldeten Hügel, die Bambushaine, die Kiefern und die Pflanzen
in den Tempelanlagen sind Teil einer lebendigen spirituellen
Kraft. Immer wieder in Bildern und Texten erscheint der
Bambus als Symbol japanischen Selbstverständnisses. Bambus
liefert das Material für den Haus- und Tempelbau, für die
Herstellung unzähliger Gegenstände des täglichen Gebrauchs.

Der japanische Fotograf *Shinji Takama* wurde 1921 geboren. Im 2. Weltkrieg geriet er in russische Gefangenschaft,
wurde 1948 entlassen und kehrte nach Japan zurück. Dort
betrieb er ein winziges Fotogeschäft und fuhr immer wieder hinaus, um das eine Motiv, den Bambus, aufzunehmen.
Seit Jahrzehnten galt sein fotografisches Interesse beinahe ausschließlich dem Bambus. Seine Fotos, in mehreren Bänden
publiziert, sind, wie er selbst sagt, ein *Hohes Lied* auf den Bambus. Er ist in einem kleinen, von Bambus umgebenen Dorf
aufgewachsen und nie des einen Motivs überdrüssig geworden. Er hat den Lebenszyklus des Bambus durch alle Jahreszeiten fotografiert und lebt gleichsam mit dem Bambus. Über
sein Verhältnis zum Bambus, zur Natur, sagte er mir in einem
Interview:

»Meine Liebe zum Bambus kommt zum einen wohl
daher, dass ich in meiner Kindheit viel im Bambuswald
und mit verschiedenen Spielzeugen aus Bambus gespielt
habe. Der Bambus lebte immer in meinem Herzen.
Zum anderen spielte der Krieg eine entscheidende
Rolle. Ich war nämlich gegen Kriegsende in sowjetische
Gefangenschaft geraten und musste dort Jahre verbringen. Als ich wie durch ein Wunder diese Zeit überlebte

und nach Japan zurückkehren konnte und zum ersten Mal den Bambuswald meiner Heimat wiedersah, erschien mir der Wald so herrlich, dass ich ein tiefes Gefühl der Wiedersehensfreude empfand. Zugleich keimte in mir der Wunsch auf, mich als Fotograf, da ich ja in eine Fotografenfamilie hineingeboren wurde, mit dem Bambus zu befassen und ihn zu fotografieren. Wenn Sie mich fragen, was der Reiz des Bambus ist, dann kann ich nur sagen, der Bambus ist einfach schön. Er bleibt über das ganze Jahr hinweg schön. Sein Grün ist schön und dazu noch erfrischend. Der Bambus ist ein Baum, der mal männlich und mal weiblich wirkt, eine Pflanze also, der die Charaktere beider Geschlechter innewohnen.

In der japanischen Sprache gibt es folgende Redewendung: ›Er hat einen Charakter, der dem Spalten des Bambus ähnelt.‹ Der Bambus lässt sich mit einem Hieb von oben bis unten ganz gerade und sauber spalten. Das erinnert Japaner an männliche Tugenden wie Entschlossenheit, Kühnheit und Furchtlosigkeit.

Er wirkt aber wiederum weiblich, wenn er sich im Winde wiegt und schaukelnd bewegt. In dieser Bewegung empfinden wir die weibliche Zärtlichkeit. Der Bambus symbolisiert aber auch die Großfamilie. Denn sein Wurzelstock vereint die Generationen, den Großvater, Vater bis zum jüngsten Sprössling. Der Bambus steht für den familiären Zusammenhalt. Ich als Mensch habe viel vom Bambus zu lernen.

Ich kann sagen, dass mein Leben daraus bestand und besteht, den Bambus zu fotografieren und von ihm zu lernen. Der Bambus ist sehr tief mit der japanischen Kultur verbunden. Nach meiner Meinung haben Japaner eine regelrechte Bambus-Kultur entwickelt. Betrachten wir die Bambuskultur.

Zum Beispiel finden wir in der Kunst des Tee-Weges Gegenstände aus Bambus wie *Chasen,* den Bambusbesen zum Teeschlagen, und *Cashaku,* den Bambuslöffel für das Teepulver, oder Bambus als Baumaterial des Teehauses. Der Bambus spielt auf diese Weise eine wichtige Rolle. Ich denke, wir müssen dem Bambus dankbar sein. Das Schwert für *Ken-Do,* die japanische Fechtkunst, wird auch aus Bambus hergestellt. Dieses Material kann durch kein anders ersetzt werden, weil es bei diesem Schwert auf die Elastizität des Bambus ankommt. Auch das ist japanische Kultur.

Japanische Flöten und das Instrument *Shakuhachi* sind auch aus Bambus gemacht. An keinem japanischen Fest darf Bambus fehlen. Ich habe fast den Eindruck, dass, wenn man den Japanern den Bambus wegnähme, von der japanischen Kultur nicht mehr viel bleiben würde; ein weiterer Grund, warum wir dem Bambus dankbar sein müssen. Ich möchte, dass viel mehr Menschen sich dieser Tatsache bewusst werden.«

Die Kunst der *Zen*-Malerei

Der *Miidera*-Tempel liegt am Fuße des Choto-Berges im westlichen Teil von Otsu, einem Vorort von Kioto. Die große Tempelanlage wurde im 7. Jahrhundert errichtet, also etwa hundert Jahre vor der Gründung des *Enryaku-ji* auf dem Hiei-Berg. Zwischen dem *Enryaku-ji* und dem *Miidera* gab es Lehrstreitigkeiten. Die *Sammon*-Richtung des *Tendai*-Buddhismus und die des *Jimon*, die im *Miidera* geübt wurde, waren sich so uneinig, dass es sogar zu gewaltsamen Auseinandersetzungen kam.

Das Hauptgebäude *Kondo* ist eine mächtige Halle, die in der *Momoyama*-Periode 1599 errichtet wurde und sich an dem Platz befindet, an dem 672 auf Anordnung des Kaisers *Tenchi* der erste *Kondo* gebaut wurde. Hier finden die Hauptzeremonien statt, hier wird eine Statue des *Miroku Botsatsu* verehrt.

Der Untertempel *Kangaku-in* ist einer der schönsten im Bezirk des *Miidera*. Er entstand 1600 und diente als Ausbildungsstätte für viele Mönche. In ihm finden sich einige der berühmtesten Kunstwerke, unter anderem die auf Schiebetüren von *Mitsunoba Kano* gemalten und goldunterlegten Naturszenen im größten Gästeraum, *Fusuma-e* genannt. Und auf den Schiebetüren anderer Räume sind *Zen*-Tuschebilder im chinesischen Stil zu finden. Die Kunst der *Zen*-Malerei begann in Japan genau zu der Zeit zu blühen, als sie in China langsam verschwand. Nach 1338, als während des *Ashikaga-Shogunats* der Sitz der Regierung nach Kioto, der traditionellen Hauptstadt, zurückverlegt wurde, wurde die Tuschemalerei

große Mode. Die japanischen Künstler begannen im Stil der
berühmten Meister der chinesischen *Sung*-Epoche zu arbeiten.
Und die *Zen*-Klöster wurden zu Zentren dieses Kunstschaf-
fens. Viele Künstler waren selbst *Zen*-Mönche, und besonders
in der Tuschemalerei kann man sehen, welch entscheidenden
Einfluss *Zen* auf die Entwicklung der japanischen Kunst hatte.
Zen durchdrang alle Bereiche des Lebens und auch alle Künste. Im 14. und 15. Jahrhundert entstanden viele der Land-
schaftsbilder: auf Rollbildern, auf den Schiebewänden, die mit
Papier bespannt waren, in den Tempeln. Ebenso findet man
die Porträts berühmter *Zen*-Meister und Bilder, auf denen
Zen-Szenen dargestellt sind. Hauptmotiv war die Landschaft.
Immer ist es eine ideale chinesische Landschaft mit nebelver-
hangenen Bergen, gekrümmten Kiefern, Steinen, Wasserfällen,
Flüssen. Für die *Zen*-Priester-Künstler diente die Darstellung
solcher idealen Landschaften auch zur die Beschreibung einer
religiösen Vorstellung, so wie die Künstler früherer Zeiten
das Paradies, die Herkunft des Buddha in leuchtenden und
goldverbundenen Farben geschildert hatten. Jetzt, in der *Zen*-
Kunst, wird die Andeutung, die Aussparung geübt. Und immer wieder wird eine winzige meditierende Person vor der
Weite des Kosmos, den gewaltig sich auftürmenden Bergen
gezeigt, zum Beispiel der einsame Fischer in einem Boot. Eine
mystische Weltsicht ist das Thema, der Mensch ist Teil einer
unendlichen Natur, eines unendlichen Kosmos.

Die Tuschemalerei spart aus, konzentriert sich auf das
Wesentliche. Jeder einzelne Pinselstrich, auch die leere Fläche,
sind von Bedeutung. In den Tuschebildern wird die Begegnung von Schüler und Meister dargestellt, werden die Erfahrung von der Unendlichkeit der Natur ins Bild gebracht. Das
Bild ist eine Form der Meditation, es gibt wieder, was der
Meister geschaut hat.

Indem er eine Bambuspflanze, einen Kranich, eine Kiefer
hervorhebt, wird das Wesen der Dinge, wird der ganze Kos-

mos mitgeschaut. So gut wie nie geht es um eine konkrete Landschaft, einen konkreten Baum, die Kiefer an diesem oder jenem Platz, sondern um die Landschaft überhaupt. Auch die Wandbilder aus dem *Shin-ju-an* sind berühmt. Er ist ein Subtempel der großen Tempelanlage des *Daitoku-ji* und wurde von dem *Zen*-Meister *Ikkyu Sojun* errichtet. In diesem Tempel gibt es ein Bild, das den *Zen*-Stil in völliger Reinheit erfüllt: *Die vier Alten vom Berg Shang.* Es sind vier alte Männer mit weißen Bärten dargestellt, die sich in die Einsamkeit des Berges Shang zurückgezogen haben. Jeweils zwei befinden sich auf einer der Schiebetüren. Seitlich sieht man eine Kiefer. Der nach oben wachsende Stamm knickt plötzlich ab und weist nach unten. Er deutet wie ein Pfeil in die Leere des Bildes, in die weiße Fläche in der Mitte. Die beiden Alten lachen. Sie sind befreit, erlöst. Sie haben schon lange gelebt. Mit scharfen, genauen Strichen sind die Gestalten umrissen.

Diese Wandbilder auf den Schiebetüren des *Shinju-an* sind die ältesten in Japan. Sie wurden von *Jasoku Soga* gemalt, einem Zeitgenossen *Ikkyus. Ikkyu,* der berühmte *Zen*-Priester und Künstler aus dem 15. Jahrhundert, hatte ihn zum *Zen*-Buddhismus bekehrt.

Die Tuschewandbilder zeigen Szenen aus der chinesischen *Tang*-Zeit. So auch die Geschichte des Mönchs *Hsien-tu,* der am Fluss Min lebte. Er kümmerte sich wenig um *Dharma*-Regeln und besondere Verhaltensformen. Jeden Tag setzte er sich am Ufer des Flusses nieder, um Krebse zu fangen. In einem Kommentar heißt es: »Anstatt Menschen zu versammeln und das *Dharma* zu lehren, nahm er sein Netz und ging mit großem Eifer zum Krebsfang.« Das Bild zeigt ihn, wie er einen großen Krebs mit sichtlichem Vergnügen in die Höhe hebt. Was unterscheidet die *Zen*-Malerei von den europäischen und anderen Maltraditionen?

Vor allem die Auffassung des Raumes. In den *Zen*-Bildern kommt dem leeren Raum, dem Aussparen, eine besondere

Bedeutung zu. Leere als wichtiger Bestandteil des Bildes, nicht nur unausgefüllter Hintergrund. Aber der leere Raum, die leere Weite, sie sind keine einfach leere Fläche. Dem *Zen*-Künstler wird die Leere nicht zum *horror vacui,* der schrecklichen Leere, sondern sie wird geradezu verehrt, denn in ihr ist die Fülle des Seins gegenwärtig. Die Leere zieht den Betrachter magisch an. Sie ist zuerst da, wird zuerst in den Blick genommen. Es gibt eigentlich keine Perspektive. Und die Bildgegenstände, Personen, Berge, Felsen, Wälder, Blüten, Wasser, alles ist konkret und zugleich schwebend, gerät ins Unbestimmbare.

Und nicht nur große Landschaften werden dargestellt. In nur einem Ausschnitt ist das Ganze präsent. Mit wenigen Pinselstrichen werden ein Bambusstamm, ein Zweig angedeutet. Die Tuschestriche deuten an und lassen den Betrachter gleichsam am Entstehen eines Gegenstandes, einer Pflanze teilhaben.

Bei den Meistern erscheint immer wieder das Porträt des *Daruma,* des Heiligen und Gründers des *Dhyani*-Buddhismus. Der *Bodhidharma,* in Japan *Daruma* genannt, ist der erste halblegendäre *Zen*-Patriarch, der im 6. Jahrhundert n. Chr. von Indien nach China kam. Immer wieder ist er dargestellt worden. Ein Gesicht mit einem grimmigen Blick, durchdringenden Augen. Er war ein kompromissloser Asket. Es heißt, er habe meditierend neun Jahre vor einer Wand gesessen. Und die Legende sagt, weil er ständig von Schlaf übermannt worden sei, habe er sich die Wimpern ausgerissen und sie auf den Boden geworfen. Aus ihnen seien Teepflanzen hervorgewachsen. Vielleicht ein Hinweis darauf, dass der Genuss von Tee besser als das Wimpernausreißen geeignet ist, die Müdigkeit zu vertreiben.

In einer klaren Nacht bei vollem Mond mag uns das Gefühl einer ungeheuren Leere überkommen. Nichts ist mehr vorhanden, die Sterne sind nicht mehr zu sehen. Und da mag ein Wort *Bodhidharmas* gelten: »Gewaltige Leere – nichts Heiliges«. Die Leere ist so spürbar, dass ein Wort wie *heilig* bedeutungslos geworden ist. *Bodhidharma* sagte dies in einer Auseinandersetzung mit dem chinesischen Kaiser. Der Kaiser verstand ihn nicht und fragte: »Wer bist du?« *Bodhidharma* antwortete: »Ich weiß es nicht.« Und auch als *Vimalakirti*, ein Anhänger des Buddha, nach der Nichtdualität gefragt wurde, schwieg er. Und dieses Schweigen wird das *donnernde Schweigen*, die *donnernde Stille Vimalakirti* genannt.

Leere kennzeichnet das Innerste des Buddhismus. Im *Herz-Sutra* heißt es: »Form ist nichts als Leere – Leere ist nichts als Form.« Eine besondere Richtung der japanischen Malerei, das *Sumi-e,* geht auf die chinesische Tuschemalerei zurück. Sie bedient sich nur der Tusche und gibt dem weißen Grund eine besondere Bedeutung. Die Tusche wird aus Ruß und Leim zubereitet. Der Pinsel aus Schaf- oder Dachshaar soll möglichst viel der schwarzen Flüssigkeit aufnehmen. Das verwendete dünne Reispapier nimmt die Tusche rasch auf. Diese Malerei erfordert eine besondere Konzentration. Die Eingebung muss sofort auf das Papier gebracht werden und kann nicht mehr korrigiert, nachgezeichnet werden. Alle Linien sind ein für alle Mal fest. Die *Sumi-e*-Malerei fängt den Geist der Bewegung ein, und so geht es nicht darum, die vordergründige Wirklichkeit abzubilden, das *Sumi-e*-Bild ist eine eigene Wirklichkeit. Ein Bild des Malers *Sokei* aus dem Nationalmuseum Kioto zeigt, wie sehr in Japan Mensch und Natur verbunden waren. Die Häuser sind offen hin zur Landschaft. Man schiebt die papierbespannten Wände beiseite und ist inmitten des Gartens, der das Haus umgebenden Landschaft. Einzelne Kiefern, Bambus sind zu sehen. Menschen sitzen auf den offenen Terrassen und sind einbezogen in die Offenheit der dargestellten Natur. Wiederum spielt die Leere eine große Rolle, das Weiß zwischen den in klaren Pinselstrichen gezeichneten Gebäuden und Bäumen.

Die Kultur des Buddhismus
im Gedicht

Zur Kultur des Buddhismus gehört eine besondere Form der Dichtung. Auch in der Lyrik werden Achtsamkeit, Stille, eine intensive Naturbetrachtung und die Beschränkung auf das Wesentliche sichtbar.

Wie selbstverständlich wurde ich bei der Begegnung mit der Kultur das Buddhismus auf eine unvergleichliche Lyrik hingeführt und auf die *Zen*-Dichter *Matsuo Basho*, *Buson*, *Issa* und andere. Auf eine Lyrik, die eigentlich unübersetzbar ist, die keine rhythmische Gliederung, keine Reime aufweist. Im Japanischen enden alle Silben mit einem der fünf Vokale, und so ergibt sich kaum die poetische, klangliche Möglichkeit, Versenden in einen Laut-Zusammenhang zu bringen. Im japanischen Gedicht finden wir wieder das Vage, die Andeutungen, den Anhauch, das Schwebende. Es lässt die Eindeutigkeit der Welt hinter sich, wird vieldeutig, überwindet im Sinne des *Mahayana*-Buddhismus die vordergründige Welt in eine wunderbar träumerische Lichtheit. Das Vage bedeutet aber nicht etwas Ungenaues, Verschwommenes. Das Haiku, das japanische Kurzgedicht, die kürzeste Form des Gedichtes überhaupt, arbeitet immer mit ganz konkreten Begriffen. Auch wenn von der Schwierigkeit des Übersetzens der japanischen Gedichte in eine europäische Sprache gesprochen wurde, so haben doch Autoren wie *Manfred Hausmann, Dietrich Krusche, Jan Ulenbrook* und andere den Versuch von Übertragungen gewagt. Den bedeutendsten Beitrag zur Aneignung japanischer Lyrik haben zweifellos angelsächsische Autoren geleistet. Der englische Schriftsteller *Reginald Horace Blyth* hat zum Beispiel in vier Bänden mit dem Titel *Haiku* zunächst die Kultur des Ostens charakterisiert und dann in den Bänden *Spring, Summer – Autumn* und *Autumn – Winter* die Jahreszeiten als Kennzeichen der Kurzgedichte hervorgehoben.

Viele der *Zen*-Meister waren auch Meister in der Kunst des Gedichte-Schreibens. Sie praktizierten die Kunst des Aussparens, des Achtens auf die kleinsten Begebenheiten des Alltags, auf Steine, Pflanzen, Tiere und Menschen, auf die Wechsel der Jahreszeiten. Das Schreiben der Gedichte wurde dabei auch zu einer Form der Meditation, nicht zuletzt deswegen, weil gerade die Kürze die genaueste Aufmerksamkeit verlangte, weil jede Silbe, jedes Wort umgewendet werden musste, um die vollkommene Form zu erreichen.

Mit dem Dichter *Matsuo Basho*, dem wohl berühmtesten Haiku-Poeten, kam ich in eine besondere Beziehung, als ich dessen lange Fußreise in den Norden Japans zum Thema einer kleinen Fernsehreihe machen konnte. Die Begegnung mit den Stationen dieser Reise und zugleich das intensive Studium seines berühmten Reisebuches, in dem immer wieder Haikus erscheinen, hat mir die Form der Kurzgedichte besonders nahe gebracht und zu einer jahrelangen Lektüre-Präsenz geführt.

Haiku, die extreme, die kürzeste Form eines Gedichtes, in der wie in keiner anderen die Jahreszeiten eine dominierende Rolle spielen. Haiku, so *Blyth*, sei die höchste Blüte der östlichen Kultur und zugleich eine Lebensweise. Haiku ist eine besondere Art, die Dinge zu betrachten, sie zu Wort kommen zu lassen, sie mit einer besonderen Intensität erfahrbar zu machen. Haiku ist direkt, einfach, unintellektuell. Doch eigentlich braucht man Jahre um Jahre der Vertiefung in diese Dichtung, um sie wirklich zu begreifen, um mit ihr zu leben.

In den drei bedeutendsten Haiku-Dichtern *Basho, Buson* und *Issa* ist die Kunst des kürzesten Gedichts zu einer großartigen Vollkommenheit gekommen. Man muss ihre Gedichte immer wieder lesen, um zu ermessen, welch einen Beitrag zur Weltliteratur sie geleistet haben. Ein Haiku besteht aus drei Zeilen mit fünf, sieben und wieder fünf Silben, wobei Silbe eigentlich eine Umschreibung für *Onji* ist, d. h. für die Tonsymbole der japanischen Sprache. In jedem traditionellen Haiku findet sich ein Jahreszeitenwort.

Basho hat das Haiku als eigene Kunstform neben die anderen *Zen*-Wege, den Tee-Weg, das Blumenstecken, den Schrift-Weg, den Schwert-Weg und das Bogenschießen gestellt. Der zentrale Akt des Haiku ist, dass uns ein Ding oder ein Ereignis in einem kurzen Moment berührt, dass diese Berührung uns wie ein Schlag trifft. Ein Haiku-Moment ist ein Moment der absoluten Intensität. Der Blitz der Intensität ist in wenigen Worten festgehalten. Ein Amerikaner japanischer Abstammung, *Kenneth Yasuda*, hat gesagt: »Ein Haiku-Moment ist so etwas wie ein ästhetischer Moment, in dem die Worte, welche die Erfahrung schufen, und die Erfahrung selbst eins werden können.«

Otsiji, ein Haiku-Dichter und Haiku-Theoretiker, schreibt: »In dem Augenblick, in dem unsere geistige Aktivität sich beinahe in einen unbewussten Zustand hineinbegibt, wenn zum Beispiel die Beziehung zwischen Subjekt und Objekt vergessen wird, können wir den höchsten ästhetischen Moment erfahren. Das meint man, wenn man sagt, man gehe in das Herz der geschaffenen Dinge ein und werde eins mit der Natur.« Die Form der direkten Wahrnehmung ist die Wahrnehmung dessen, was das Objekt ist in seiner Einheit und Einzigartigkeit in und für sich selbst. Das Haiku-Gedicht will eine plötzliche Betroffenheit durch ein augenblickliches Geschehen in Worte fassen, eine Erfahrung, die zum Beispiel dann eintritt, wenn man eine besonders eindrucksvolle Landschaft, eine Blume, vielleicht einen Sonnenuntergang sieht und einfach innehält, stillsteht.

Dieses Innehalten bezeichnet der Japaner mit der Ah-heit. Das heißt, im Augenblick des Bewunderns und Innehaltens entschlüpft dem Bewunderer nur ein Ah …, eine atemlange Spanne der Freude, des Glücks entsteht. Das Objekt hat ihn ergriffen, und er sieht wie zum ersten Mal die Farbe, die Schatten, die Linien. Für einen Augenblick, so könnte man sagen, bleibt ihm keine Sprache für lange Erklärungen oder Beschreibungen. Nur das da-seiende, sprechende Objekt, die sprechende Situation sind da. Und diese Erfahrung wird als Haiku-Augenblick bezeichnet. Das Gedicht will die Erfahrung in 17 Silben fassen. Diese Silben sind vom Dichter einerseits in einer zeitlichen Folge geordnet, auf der anderen Seite muss der Leser aber den Gesamteindruck schlagartig mitnehmen. Zwischen dem zeitlichen Element und dem zeitlosen Element der inneren Natur des Gedichtes entsteht eine Spannung. In den traditionellen japanischen Gedichten werden immer wieder Momente der Stille beschrieben. Der Mensch ist aufmerksam inmitten der Natur. Er hört den Fall der Regentropfen, das Fallen der Blätter im Herbst, er hört die leisen Stimmen der Tiere in der Nacht.

Das Reisetagebuch, das der 1644 geborene Dichter *Basho* während seiner Reise in die nördlichen Regionen Japans schrieb, ist ein Meisterwerk in Prosa und Lyrik. Insbesondere die eingestreuten Haikus gehören zu den besten des Dichters. Als junger Mann studierte *Basho* in Kioto die chinesischen Klassiker, Kalligrafie und Dichtkunst. Als Zwanzigjähriger veröffentlichte er seine ersten Gedichte, und mit dreißig Jahren war er schon ein bekannter Poet, der eine Unzahl von Gedichten publiziert hatte. Doch erst einige Jahre später erreichte er einen unverwechselbaren persönlichen Stil.

Basho, der die *Wandernden Poeten*, die chinesischen Dichter *Li Bo* und *Tu Fu*, bewundert hatte, wollte seine eigenen poetischen Reisen machen. Die erste Reise führte ihn nach Ise, dem altjapanischen Heiligtum. Er besuchte auch den Ort Yo-

shino zur Zeit der dort berühmten Kirschblüte. Zu seiner
längsten Reise brach er im Mai 1689 auf. Zu Fuß und begleitet von seinem Freund *Sora* begann er den beschwerlichen
Weg in den Norden der japanischen Hauptinsel Honshu.

Eine Reise, deren Tagebuch zur Weltliteratur zählt, begann.
Am Beispiel einiger seiner Schilderungen soll die poetische
und zugleich einfache, konkrete Art seines Schreibens deutlich
werden.

Nach drei Tagen war Nikko erreicht, der Ort, an dem der
Toshogu-Schrein steht, ein bedeutender Tempelbezirk, der gerade fünfzig Jahre zuvor fertiggestellt worden war und wegen
seiner prunkvoll geschmückten Gebäude schnell berühmt
wurde. Der *Toshogu*-Schrein ist dem Gründer des *Tokugawa*-
Shogunats gewidmet und von seinem Enkel *Iemitsu* 1636 errichtet, ein geradezu barockes Gebäude, eine Mischung aus
buddhistischer und schintoistischer Architektur. *Basho* sah das
Leben selbst als eine Reise an und nannte die vorübergehen-
den Tage und Monate Wanderer in der Zeit. Er war von der
Pracht der Gebäude weniger beeindruckt als von der Natur
im Frühling:

»Ende des Frühlings,
Vögel weinen,
und sogar in den Augen der Fische Tränen.«

Basho sieht das frische Grün und ruft aus:
»Wie herrlich:
grüne, junge Blätter
in der Sonne von Nikko.«

Kurobane, die Stadt am Fluss. *Matsuo Basho* wollte hier drei
Dichterfreunde treffen und den Ort besuchen, an dem einer
seiner Lehrer gelehrt hatte.

Der *Zen*-Tempel von Kurobane und die Landschaft um ihn
sind auch heute noch, wie zu *Bashos* Zeiten, ein Bezirk der

Stille. Wie in den großen Kathedralen Europas, wie an den Kraftorten, etwa auf dem Platz, auf dem die Wieskirche in Bayern steht, oder dem Ölberg in Israel, nimmt den Besucher eine einzigartige spirituelle Kraft gefangen.

In Japan schmiegen sich die Tempel in die Landschaft. Die Dächer führen die Linien der Berge und Hügel fort. Die Gärten gehen in die freie Landschaft über, beziehen sie ein.

Im nahe bei Kurobane gelegenen *Unganji-Zen-*Tempel, der sich geradezu in den Bergen versteckt, lebte *Bashos* Mentor, der *Zen-*Priester *Butcho.* Dieser hatte in einer Hütte in den Hügeln hinter dem Tempel meditiert und ein asketisches Leben geführt. Mit seinem Gefährten kletterte *Basho* auf den Hügel und suchte die Hütte. Als sie gefunden war, schrieb er ein Haiku und befestigte es an einem Pfosten:

»Sogar die Spechte
Rühren nicht an die kleine Hütte
im Sommertal.«

Stille des Sommertals. Stille des Zurückgezogenseins. *Zenkai Shibayama,* der *Zen-*Abt aus dem *Nanzen-ji* in Kioto, hat in unseren Tagen das Geheimnis eines erlebten, stillen Augenblicks festgehalten:

»Still blüht die Blume
still verwelkt sie.
Doch hier, in diesem Moment,
blüht die ganze Blume,
blüht die ganze Welt.
Dies ist die Rede der Blume,
die Wahrheit des Blühns.
Der Glanz ewigen Daseins
scheint vollkommen hier.«

Zurück in Kurobane, führte die Reise weiter zum Blutbadstein von Nasu. Die Sage erzählt, die Hofdame *Tamamo,* die

Geliebte des Kaisers *Konoe,* sei eigentlich ein Fuchs in menschlicher Gestalt gewesen. Als man dies herausfand, wurde sie umgebracht, ihre Fuchsseele aber verwandelte sich in einen Unglück bringenden Stein, der giftige Dämpfe absonderte.

Bashos Absicht war, auf seiner Reise viele dieser Plätze zu besuchen, an denen Natur, Geschichte und Legende zusammenkommen, an denen sich gleichsam die Geister der Vergangenheit versammeln und immer noch spürbar sind.

Und er wollte eine Weide besuchen, die in einem Gedicht *Saigyos* erwähnt wird, eines Priester-Dichters aus dem 12. Jahrhundert. *Saigyo* schrieb:

»Neben der Straße
der klare Fluss.
Im Schatten der Weide,
stand ich eine Weile.«

Schreine unter Bäumen, auf Hügeln. Natur und Religion sind in Japan vielleicht wie nirgendwo sonst verbunden. Zwischen den Bäumen, um die Steine weilen die Geister der Verstorbenen. In die Bäume hinein schmiegen, ducken sich die Tempelgebäude. Häuser aus Holz, Bauwerke, die wie gewachsen erscheinen, Tore, Begrenzungen aus Holz und Natursteinen. Alles, was der Mensch hier in der Natur verändert, tut er behutsam, rücksichtsvoll. Und auch die Gebäude ordnen sich dem Gewachsenen unter. Angesichts solcher Einbettungen in die Natur, einer solchen Tradition der auch dem Menschen und seinem Maß gerecht werdenden Architekturschöpfungen, mag man die himmelstürmenden Bauwerke des modernen Japan als maßlos bezeichnen.

Etwa zehn Kilometer von der Stadt Sendai entfernt, auf einem Hügel, kann man die Überreste von Tagajo sehen. Im 8. Jahrhundert stand hier eine große Festung, später war hier das Zentrum der Regionalregierung. Die Überreste der Festung sind Zeugen einer lange zurückliegenden Vergangenheit,

Zeugen, die immer wieder in der japanischen Lyrik erwähnt werden. Als *Basho* hier vorbeikam und den *Tsubo*-Stein, ein 1000-jähriges Steinmonument, betrachtete, schrieb er in sein Tagebuch: »Dieses Steindenkmal wurde vor tausend Jahren geschaffen und ist eine sehr spürbare, lebendige Verbindung zur Vergangenheit. Es gesehen zu haben macht meine Reise erst sinnvoll. Jetzt ist einer der glücklichsten Augenblicke meines Lebens. Ich vergaß alle Mühen der Reise und weinte vor Freude.«

Immer wieder besuchte *Basho* Orte, die ihm durch die Dichtung bekannt waren. Er erlebt den Juni-Regen, der die Landschaften Japans geradezu verschleiert, er steht vor Gräbern und denkt an Liebende, die sich ewige Treue geschworen haben, sieht sie als zwei Vögel mit nur einem Paar Flügeln oder wie zwei Bäume, deren Äste ineinander gewachsen sind. Angesichts der Gräber überkommt ihn Traurigkeit, weil er weiß, dass alles im Vergehen endet. Sogar der Ton einer Tempelglocke, den er am Abend vernimmt, macht ihn nur noch trauriger. In der Nacht schließlich hört er, wie ein blinder Mönch zur Laute eine alte Ballade singt. Alle Plätze offenbaren ihm die Schönheit der Natur, und sie sind erfüllt von Worten der Dichter, die schon vor ihm in Gedichten die berühmten oder die entlegenen Orte gewürdigt haben.

Gleich am nächsten Morgen besuchte *Basho* den *Shiogama*-Schrein. Seit langem war er ein religiöses Zentrum gewesen. Am frühen Morgen des 25. Juni 1669 sah *Basho* die renovierten Gebäude und war beeindruckt vom Glanz der Farben, von den Lackflächen, die sich in der Sonne spiegelten. Vor dem Schrein findet er eine alte Steinlaterne aus dem 12. Jahrhundert mit einer Inschrift. *Basho* notierte: »Wie schön ist das Land. Und sogar an den fernen und einsamen Plätzen ist die Kraft des Göttlichen allgegenwärtig.«

»Die Landschaft der Matsushima-Bucht ist die schönste in Japan«, schreibt *Basho*. Sie ist für ihn nicht weniger beeindruckend als die berühmtesten poetischen Szenarien in China. Auch heute noch kann man den Zauber dieser Landschaft erleben, die Ausblicke auf die unzähligen Inseln, die den Dichter begeisterten. Er sieht die vom Seewind gezeichneten Pinien, vergleicht ihre Eleganz mit der Schönheit von Frauen. Und er bringt seine Eindrücke mit berühmten Ansichten zusammen, die man auf chinesischen oder japanischen Tuschebildern sehen kann.

Der Takadate-Hügel bei Hiraizumi. Hier oben endete im 12. Jahrhundert das Leben eines legendären Helden. In Gedanken an die Vergangenheit bestieg *Basho* den Hügel, Ende Juni in der Regenzeit. Er dachte über den flüchtigen militärischen Ruhm nach und schrieb:

»Sommer – Gräser
alles, was bleibt von
den Träumen der Krieger?«

Hier oben, zum großen Kitagami-Fluss hinunterblickend, saß *Basho* gedankenverloren, meditierte in der Stille über die Vergänglichkeit von Königreichen und die Sinnlosigkeit von kriegerischen Unternehmungen und kriegerischem Ruhm. Er stellte der Vergänglichkeit die Zeitlosigkeit von Bergen und Flüssen gegenüber.

Auf einem nahen Hügel der *Chuzon-ji*. Hier sah *Basho* den kleinen berühmten goldgeschmückten Schrein, in dem drei Herrscher der *Fujiwara*-Dynastie ruhen, unter einer Ehrenhalle mit Buddhaverkörperungen.

Der goldene Pavillon wurde im 11. Jahrhundert errichtet und erst in jüngster Zeit in seiner ursprünglichen Pracht wiederhergestellt.

Basho schrieb darüber:

»Die Schauer der Regenzeit.
Unberührt von ihnen
das Glänzen des Pavillons.«

Und doch, als *Basho* den *Chuzon-ji* besuchte, hatte dieser schon 500 Jahre bestanden. Die Zeit hatte Spuren an den goldenen Säulen hinterlassen. Und der Dichter sah sich wieder in seiner Weltsicht bestätigt, dass alles vergänglich ist. Und so fasste er seine Unruhe, die ihn zu langen und beschwerlichen Reisen trieb, auch als eine Wanderung auf, die unserem ganzen Leben gleicht: die Pilgerschaft eines Mönchs, der eine Bettelschale in der Hand hält.

Eines Abends, am 13. Juli 1689, erreichte *Basho* den *Ryushaku-ji*, einen 860 n. Chr. von dem großen Abt *Jikaka* erbauten Tempel bei Yamagata. Er liegt, wie *Basho* schreibt, »an einem besonders heiligen, reinen und ruhigen Ort«.

Wenn man durch das Haupttor geht, steht man am Beginn vor mehr als tausend Steinstufen, die zur Höhe des Berges hinaufführen, auf der sich der Tempelbezirk befindet.

Früher konnte der Tempel mehr als 300 Mönche beherbergen. Nur wenige sind geblieben. *Basho* schreibt: »Die Türen der kleineren Heiligtümer waren geschlossen, und wir hörten nicht einen Ton. In der tiefen Stille und Schönheit dieses Ortes fühlten wir uns vollkommen gereinigt.«

»Diese Stille.

In die Tiefe der Steine

dringen Zikaden.«

In diesem Haiku ist die blitzartige *Zen*-Erfahrung großartig und einfach präsent. Mit einem Schlag werden zwei scheinbar getrennt erfahrbare Bereiche zusammengefügt. Sie bedingen sich gegenseitig, sie sind in einer höheren Weise nicht getrennt. Zunächst mag man von einem Widerspruch sprechen. Da ist die beinahe lähmende Mittagsstille. Stille und Zikadenlärm, wie mag das zusammengehen? Doch die Stille, wird sie nicht erst durch die durchdringenden, sogar in die Steine dringenden Töne der Zikaden wahrnehmbar? Die Stille wird gleichsam hörbar, mächtig und konkret durch den Zikadenton.

In das Bergheiligtum sollen die Seelen der Verstorbenen zurückkehren. Wenn man vor dem Heiligtum die Stille geradezu auf sich einstürzen fühlt, dann weiß man, warum sich hier seit Jahrhunderten die Menschen dem Göttlichen, dem Kosmos näher fühlten als anderswo. Zu allen Jahreszeiten kommen Pilger mit der Asche ihrer Verwandten oder um die buddhistischen Toten-Zeremonien abzuhalten.

Basho, damals 46 Jahre, fühlte sich als alter Mann. In seinem Tagebuch ist zu spüren, wie sehr er daran denkt, von einer schweren Krankheit getroffen zu werden und zu sterben. Doch angesichts der friedvollen Natur, der beim Anblick der Steine, der Bäume und des Mooses spürbaren spirituellen Kraft, zählte für ihn nicht das Ende, sondern der Augenblick.

Wer auf den Haguro-Berg pilgern will, muss den langen Weg über viele Steinstufen auf sich nehmen. Dieser Weg wird von japanischen Zedern gesäumt. Einige von ihnen sind über 500 Jahre alt. Auch *Basho* bestieg auf seiner Reise in den Norden diesen heiligen Berg, der Schritt um Schritt den Besucher mehr in seinen Bann zieht. Am Weg, hinter den Bäumen versteckt, steht die fünfstöckige Pagode, die daran erinnert, dass der Berg nicht nur ein schintoistisches, sondern auch ein buddhistisches Heiligtum war. Vom Fuß des Berges bis zum Gipfel muss man 2500 Steinstufen bezwingen. Ein steinerner Pilgerpfad, erbaut von den Spenden der Gläubigen.

An diesem Ort haben sich seit Jahrhunderten Mönche und Asketen zurückgezogen, um in der geheimnisvollen Ruhe des Berges ein der Meditation gewidmetes Leben zu führen.

Wenn an manchen Tagen die Nebel zwischen den Bäumen ziehen und nur ein diffuses Licht auf die hölzernen Tempel fällt, begreift man, dass sich hier zur *Nara*-Zeit, also vom 8. bis zum 9. Jahrhundert, ein esoterischer Buddhismus mit schintoistischen Vorstellungen und schamanistischem Gedankengut und schamanistischer Welterfahrung verband.

Am 24. Juli bestiegen *Basho* und sein Gefährte bei Sonnenuntergang den Gassan, den *Mond-Berg*. Oben angekommen fröstelten sie und konnten kaum atmen. Der Mond kam heraus, sie machten sich ein Lager aus Bambuszweigen und erwarteten den Sonnenaufgang. *Basho* schrieb in sein Tagebuch: »Als wir uns, um einen Augenblick zu rasten, auf einen Stein setzten, bemerkte ich einen kleinen Kirschbaum, nicht höher als drei Fuß und nur halb in Blüte. Daran zu denken, dass diese letzten Kirschblüten den ganzen Winter tief verschneit waren und nicht vergessen hatten zu blühen, als der Frühling endlich in diese Berge kam.«

»Den frühen Sommerregen
sammelt
schnell fließend der Mogami.«

Dies ist eines der berühmtesten japanischen Kurzgedichte, das *Basho* schrieb, als er am Mogami vorbeikam, den von Regengüssen angeschwollenen Fluss sah und sich klar machte, dass seine Reise auch Gefahren barg. Der Fluss, die Ur-Strömung. Bewegung des Lebens, das Fließen des Leben spendenden, aber auch gefährlichen Wassers. Ein Gedicht, das eigentlich unübersetzbar ist und im japanischen Original das Strömen des Flusses in eine großartige Sprachbewegung bringt:

»Samidare o
atsumete nayashi
mogamigawa.«

Die Mogami-Schlucht, bei der die Felsen von beiden Seiten herandrängen, ist eine der schönsten Stellen an diesem Fluss. Der kleine Tempel, der nur über das Wasser zu erreichen ist, wurde *Hitachibo Kaisan* gewidmet, einem buddhistischen Priester aus dem 12. Jahrhundert.

Am Shiraito, dem *Weißstrahl-Wasserfall*. Die Felsen rechts und links treten zurück, der Fluss kommt in die Shonai-

Ebene. Nahe der Mündung bei Sakata ist der Mogami ruhig
geworden und hat die Schnelligkeit und Wildheit des Ober-
laufs hinter sich gelassen. Früher brachten Lastschiffe auf dem
Fluss die Waren, vor allem Reis, aus dem Landesinneren an die
Mündung. Die Waren wurden in Sakata umgeladen und nach
Osaka oder Edo, dem heutigen Tokio, verschifft.

In einem Gedicht *Bashos* heißt es:
»Der Mogami-Fluß
hat die heiße Sommersonne
ins Meer gezogen und ertränkt.«

»Zahllos sind die Schönheiten von Land und Meer, die ich
schon gesehen habe, aber nun beschleunigt sich mein Herz-
schlag bei der Aussicht, Kisakata zu sehen, die berühmte, fünf-
undzwanzig Meilen nordöstlich des Hafens von Sakata gele-
gene Lagune. Wir nahmen unseren Weg über die Hügel und
entlang der Strände, durch Sanddünen stapfend, und wir er-
reichten unseren Bestimmungsort, als gerade die Sonne unter-
ging. Wind war vom Meer her aufgekommen, erfüllte die Luft
mit Sand und treibendem Regen. Wir konnten nicht einmal
den Berg Chokai sehen. Es war seltsam faszinierend, wie wir
unseren Weg in der Dunkelheit suchten und uns die Schönheiten, die vor uns lagen, nur in der Fantasie vorstellen konnten. Am nächsten Morgen war der Himmel wolkenlos, und als
die Sonne aufgegangen war und prächtig schien, fuhren wir in
einem Boot auf die Lagune hinaus.«

Basho hielt sich hier zwei Wochen auf. Im Hiyoriyama-
Park, von dem aus man den Hafen von Sakata überblickt,
erinnern Gedenkstätten an die Geschichte der Stadt während
der Edo-Periode vom 17. bis zum 19. Jahrhundert. Auf einem
Gedenkstein ein *Basho*-Haiku:
»Vom Hügel der heißen Quellen
hin auf die Bucht –
wie kühl der abendliche Ausblick.«

Kisikata, der Küstendistrikt, den *Basho* während seines Aufenthalts in Sakata besuchte, war die nördlichste Landschaft seiner Wanderung. Ermüdet von der Reise blickt *Basho* zurück und stellt fest, dass schon der 18. Oktober ist. Er will noch zum Ise-Schrein wandern und einer nur alle zwanzig Jahre stattfindenden Zeremonie beiwohnen. Schon ist, wie er sagt, später Herbst, und noch einmal will er auf einem Boot an die Futami-ga-ura-Küste fahren.

»Traurig geh ich von dir;
aus der Schale gerissene Muschel.
Auch der Herbst geht wie ich.«

Gärten der Stille

Gärten als Kunstwerke, Gärten als Räume für die Betrachtung und Meditation, Gärten, die mehr als Gärten bei uns Ausdruck eines besonders intensiven Naturerlebens, Ausdruck eines Wissens um das Zusammensein von Mensch und Natur sind.

Gärten in Japan: bewunderte, besuchte Kunst-Räume, in denen heute die Stille immer wieder durch Touristengruppen gestört wird. Räume, die aber zurückkehren in die von den Gartenkünstlern mitangelegte Stille, wenn die Besucher gegangen sind und sich langsam der Abend einnistet in die Steinsetzungen, Bäume und Büsche, die Moospolster und winzigen Wasserflächen. Stille der Gärten auch am frühen Morgen, wenn noch nicht die allgemeine Geschäftigkeit begonnen hat, wenn die Luft noch frisch ist. Dann mag den Besucher jene Stille umfangen, die ein Mönch empfunden haben mag, der vor einigen hundert Jahren auf den Holzplanken der Veranda sitzend in den Garten hinaussah. Es ist eine ferne und gelegentlich fremde Kunst, die sich uns in strengen Maßen und Ordnungen vorstellt. Der Zugang aber ist nicht schwer, wenn man gelernt hat, genau hinzusehen.

Wichtig ist, dass dem Auge die Maße, das Gemessene des japanischen Gartens deutlich werden, dass auch das geistige Auge sich öffnet. In Japan ist das traditionelle Haus Teil des Gartens, und der Garten kommt gleichsam in das Haus hinein. Das Haus öffnet sich hin zum Garten. Man schiebt die Holztüren zurück und hat die Natur im Zimmer. Vor dem

Haus die Veranda: ein Platz, um sich niederzulassen und auf
die gestaltete Kleinlandschaft zu schauen. »Alle Gärten sind
Schöpfungen der Muße«, schreibt der Engländer *Derek Clifford*
in seinem Buch *Geschichte der Gartenkunst*. Und er führt aus,
dass es in einer menschlichen Gesellschaft, die alle Energien
nötig habe, um zu überleben, es jedoch keine Voraussetzung
dafür gäbe. Erst wenn die Gesellschaft Zeit und Kraft im
Überfluss besäße, würde ein Teil dieser Reserven frei, um sich
an den Reizen eines umfriedeten Raumes und dessen Be-
pflanzung oder an der unberührten Landschaft zu vergnügen.
Die Art und Weise der Gestaltung dieser Dinge und die daraus erwachsende Freude hänge zum Teil von den gegebenen
Möglichkeiten, mehr aber noch von den seelisch-geistigen
Bedürfnissen des Menschen ab. Ein Garten sei das Idealbild
des Menschen von der Welt, und da die meisten Menschen
von der Gesellschaft, deren Teil sie sind, geprägt würden, folge
daraus, dass der Garten jeder Gemeinschaft und jeder Periode
die Traumwelt der Zeitgenossen spiegele und das Wunschbild
der betreffenden Epoche sei.

Diese Feststellungen gelten in besonderer Weise für den
japanischen Garten. Mit Gärten hat Japan einige seiner bedeutendsten Kunstwerke hervorgebracht. In Gärten, deren erste
Anregungen aus China kamen, hat Japan die Kunst des Ge-
staltens mit der Natur zur höchsten Form entwickelt. Japanische Gartenkunst ist das Ergebnis einer geistig-seelischen
Konzeption und sie schafft Räume für ein geistig-religiöses
Verhalten. Während in Europa Gärten Ausdruck der Herr-
schaft des Menschen über die Natur geworden sind, ordnen
sich in Japan der Mensch und sein Werk in die Natur ein. Die
Ordnungen des japanischen Gartens sind der Natur abge-
lauscht, sie sind erlebte, gewachsene und erlebbare Ordnungen. Der japanische Garten ist von religiösen Vorstellungen
und Traditionen mitgeformt. Taoismus und Buddhismus haben ihn mitgestaltet.

Der japanische Garten ist nicht reich, nicht bunt. Er prunkt
nicht mit Farben und Blumen. Zunächst mag er karg erscheinen. Nur wenige, ausgewählte Pflanzen, eine Blüte ziehen die
Aufmerksamkeit auf sich. Da sind wenige, naturbelassene Steine, da ist Sand, da sind kleine Wasserflächen. Aber nicht diese
einzelnen Elemente sind es, die das Wesen eines Gartens aus-
machen, sondern ihre Verbindungen zueinander, die Komposition, die sie verbindet und zu einem unvergleichlichen
Ganzen macht. Und der Garten steht nicht für sich allein. Er
gehört zu einem Tempel, einem Palast, einem Wohnhaus. Er ist
auf die Menschen bezogen, die in ihm leben, die ihn zu ihrem
Lebens-Raum gemacht haben.

Auch der Garten der kaiserlichen Villa war nicht als Reprä-
sentationsraum für Staatsgeschäfte gebaut, sondern wurde
vom Kaiser und seinen Gästen bewundert und sogar in Gedichten gepriesen. Die Villa besitzt eine Veranda zur Betrachtung des Mondes. Sie ist so gebaut, dass man im Frühjahr das
Wunder der japanischen Kirschblüte und im Herbst besonders gut den Mond betrachten kann. »Der japanische Garten
drückt weniger Humanitas und weniger Poesie als der chinesische aus, aber in seinen besten Äußerungen finden wir rei-
nere Ideen und mehr von der Art, die man, wenn auch zö-
gernd, mystisch nennen möchte«, schreibt *Clifford*.

Mystisch kann aber hier nichts Verschwommenes, Unklares
meinen, denn gerade in der Kultur des *Zen* ist Klarheit ein
entscheidender Begriff. *Mystisch* meint die innige Verbundenheit allen Empfindens mit der Natur, mit den Jahreszeiten. So
wie ein Großteil der japanischen Lyrik Jahreszeitenlyrik ist, so
führen auch die Gärten den Besucher und Betrachter durch
die verschiedenen Stimmungen der Jahreszeiten.

Die Landschaft ist das zentrale Thema der japanischen
Kunst, und auch in den Gärten spiegelt sich die Landschaft
wider. Das besondere Gespür für die Natur, die besondere Verbundenheit des Japaners mit ihr, kommen nicht von ungefähr.

Die japanischen Insellandschaften sind vielfältiger, abwechslungsreicher als die Landschaften anderer Länder. Der japanischen Landschaft fehlt die Gleichförmigkeit kontinentaler, großer Länder. Vulkanexplosionen, Erdbeben, wolkenbruchartige Regenfälle, lang andauernder Nieselregen, ausgeprägte Wechsel der Jahreszeiten gehören zum alltäglichen Erleben.

Die Küsten sind zerklüftet, von unterschiedlichster Gestalt, größere und kleinere Inseln, undurchdringliche Wälder, Bäche und Wasserfälle bestimmen das Bild der japanischen Landschaft. Und all das kehrt in der Kunst wieder, all das kehrt wieder in symbolischen Andeutungen in den Gärten. Die Natur wurde schon im Schintoismus, der ältesten der in Japan heimischen Religion, verehrt. Sie ist lebendig und von Geistern belebt. Auch Bäume, Steine sind selbst Geistwesen. Mit dem Buddhismus, der in der 2. Hälfte des 6. Jahrhunderts über China nach Japan kam, und besonders im *Zen*-Buddhismus vertiefte sich die Naturverbundenheit.

Und schon in den ältesten Anweisungen zur Gartengestaltung heißt es, dass Gärten ein Abbild der natürlichen Landschaft sein sollen. Indem ein Japaner den noch so winzigen Garten vor seinem Haus zum Abbild, zum Miniaturbild der natürlichen Landschaft werden lässt, erlebt, erfährt er sich selbst als Teil der Natur, lebt er in einer Landschaft. Für ihn steht nicht der Mensch in der Mitte des Kosmos. Steine, Pflanzen, das Wasser, alles lebt, steht gleichberechtigt nebeneinander. Der japanische Garten ist ein Garten zur Betrachtung, auch zur Versenkung. Seine Schönheit soll den Betrachter in eine ästhetische Stimmung versetzen. Der Betrachter erlebt den Garten, wie er ein Theaterstück oder ein Gedicht erleben würde.

Und in den höchsten, intensivsten Augenblicken der Versenkung wird ihm eine geistige, religiöse Erfahrung geschenkt.

Sorgsamkeit

Der japanische Garten ist das Ergebnis sorgsamster Pflege. Der Mensch greift in das ungezügelte Wachsen ein. Gärten sind von Menschen geplant und angelegt und sollen nicht verwildern. So muss ständig Unkraut gejätet werden, so werden sorgsam jeden Morgen die herabgefallenen Blätter und Kiefernnadeln aus dem geharkten Sandbeet entfernt. Die Sträucher, Bäume und Hecken werden sorgfältig beschnitten und in Form gehalten. Auch das Setzen der Steine in eine Fläche erfordert ein sorgsames Abwägen. Jeder Stein steht zu seiner Umgebung, zu einem anderen Stein in Beziehung. Er kann nicht einfach da oder dort abgesetzt werden. Die Einfriedungen sind Kunstwerke der sorgfältigsten Aneinanderfügung von Bambusstäben. Auf der Fläche eines Bambuszaunes setzen die Strickverknüpfungen besondere Akzente, lassen das Auge Muster wahrnehmen. Es ist die nirgendwo sonst so anzutreffende Kunst der japanischen Gartenmeister, dass trotz sorgfältigster, bis in winzige Details gehender Planung nie der Eindruck des Konstruierten, Künstlichen entsteht. Der Garten fügt sich harmonisch in die Natur ein. Wege, Mauern, Zäune und Tore, die Veranden der Häuser, die Holzkonstruktionen der Tempel, zu denen die Gärten gehören, alles ist mit unübertrefflicher, handwerklich-künstlerischer Sorgfalt ausgeführt.

Symbolik

Immer wieder begegnet man in japanischen Gärten symbolischen Anordnungen von Steinen oder Pflanzen.

Aus Korea und China übernommen wurde die Darstellung des *Sumeru*-Berges, des Welt-Berges. Ebenfalls aus China kam

Steinsetzungen im Ryoan-ji Trockenlandschaftsgarten in Kioto

die sogenannte *Kure*-Brücke schon in früher Zeit. Berg und Brücke waren fester Bestandteil der Ikonografie der ersten Gärten.

Der *Sumeru*-Berg, Weltmittelpunkt in der buddhistischen Tradition, erscheint auch auf vielen *Mandala*-Bildern. Der den Berg verkörpernde Stein ist im Garten ein kosmozentrisches Symbol für den Ort, an dem das Höchste, die Wahrheit, die Glückseligkeit präsent wird. Bei der Gruppierung von Steinen sind weniger die ästhetischen als die symbolischen Gesichtspunkte wichtig. Die Dreiergruppierung steht dabei im Vordergrund, eine Zusammenstellung, die Himmel, Erde und Mensch symbolisiert und zusammen den ganzen Kosmos meint. Der größte der Steine steht für den Himmel, der mittlere für die Erde, der kleinste für den Menschen. Symbolische Setzungen müssen nicht eindeutig sein. Beim *Ryoan-ji*, dem berühmten Sand-Stein-Garten, haben sich viele Interpretationen angeboten.

Man sagte, der Garten stelle ein Weltmeer mit Inseln dar, eine andere Interpretation sieht in den Steingruppierungen Tiger mit ihren Jungen. Doch vielleicht bestehen das Geheimnis und die Großartigkeit des *Ryoan-ji* gerade darin, dass er verschiedenen Interpretationen Raum lässt. Die Darstellung des *Sumeru,* des Weltberges, verband sich in der Entwicklung der japanischen Gartenkunst mit der Abbildung des *Horei*-Berges.

Der *Horei*-Berg erscheint im ebenfalls aus China stammenden Taoismus und ist eine aus dem Wasser sich erhebende Berginsel, auf der die Unsterblichen leben. Schon im 5. Jahrhundert war die *Horei*-Legende in Japan bekannt. Neben der Darstellung des *Horei*-Berges finden sich, aus der gleichen religiösen Tradition stammend, Darstellungen von Inseln, d. h. Steingruppierungen in der Kranich- und Schildkrötenform. Sie werden als Symbole der Langlebigkeit betrachtet. Das heißt, dass der japanische Garten auf geistigen Prinzipien be-

ruht und in Symbolgestalten dem Betrachter nicht nur ästhetische, sondern auch religiöse Eindrücke vermitteln möchte.
Im Garten des *Daisen-in* finden sich all die genannten symbolischen Elemente beisammen. Da sind der *Horei*-Berg, die
Kranich- und Schildkröteninseln, und da ist auch ein steiner-
nes Schatzschiff. Dieser Trockenlandschaftsgarten ist also eine
nachgeahmte Naturlandschaft, in der die Felslandschaften wie
Zitate aus natürlichen Landschaften erscheinen, doch darüber
hi-naus ist der Garten auch eine symbolhafte Darstellung der
Zen-Kunst-Prinzipien: Asymmetrie, Einfachheit, ungekünstel-
te Natur, unergründliche Tiefe, Überwindung der Welt und
reine Stille.

Das Lebewesen Baum

Immer wieder sieht man in der japanischen Naturlandschaft
einzeln stehende Bäume. Auf den steilen, den Küsten vorge-
lagerten Felsen und kleinen Inseln wachsen meist Kiefern. Sie
haben zusammen mit den Felsen das Bild der japanischen
Landschaft unverwechselbar geprägt und seit Jahrhunderten
die Fantasie der Tuschemaler angeregt. Aufragende Felsen und
krüppelig wachsende Kiefern mit über Abgründe reichenden
Zweigen sind in den Tuschebildern stets wiederkehrende Elemente.

In den Landschafts- und Jahreszeitenbildern des Malers
Sesshu sind diese mit wenigen Pinselstrichen hingesetzt. Und
schon in einem alten chinesischen Gartenhandbuch der Malerei erscheint eine bizarr wachsende Kiefer dominierend in
einem Bild. Die Kiefer, der beliebteste japanische Gartenbaum, ist nach japanischem Glauben Wohnort göttlicher Geister. Die Hintergrundbilder der *No*-Bühne, des traditionellen
Maskentheaters, sind üblicherweise mit einer Kiefer bemalt

und erinnern an den Glauben, das Spiel werde zu Ehren der
Göttlichkeit des Baumes aufgeführt.

Auch die Kiefer wird im japanischen Garten geschnitten,
gerupft und durch das Ausschneiden durchsichtig gemacht.
Der Gärtner, der einen solchen Baum pflegt, geht nicht einfach mit einem Gewächs um, sondern sieht in dem Baum
ein Lebewesen aus demselben Ursprung, aus dem auch der
Mensch kommt. Die Verehrung des Baumes ist Teil der in
Japan traditionellen Religiosität. Die großen Schreinanlagen
von Ise stehen in Zederngärten, in denen einzelne Bäume
turmhoch gewachsen sind und kaum noch das Sonnenlicht
durchlassen. Diese Zedern liefern das Bauholz für die Tempel,
und sie werden als Lebewesen, als göttliche Wesen angesehen.
Sie überdauern den Menschen. Unter den Bäumen und in
Bambushainen halten sich die Geister der Verstorbenen auf.
Bäume sind Symbole des Lebens, des Wachsens. Schon auf
alten Bildern ist immer wieder dargestellt, wie sich unter den
blühenden Bäumen Menschen zum Picknick versammeln,
wie sie Feste feiern und den Frühling erleben.

Im Frühling tauchen die Kirschblüten das Land in einen
rosa Schimmer. Im Herbst färben sich die Blätter des Ahorns
gelb und feurig rot. Da die Gärten kaum blühende Pflanzen
aufweisen, wirkt das Rot umso intensiver, leuchtender.

Steinsetzungen

Ein Stein ist ein Stein. Diese Aussage ist nur scheinbar sinnlos,
nur scheinbar sagt sie Selbstverständliches aus. Nur wer den
Stein ganz als Stein wahrnehmen kann, wird begreifen, dass
der Stein zugleich mehr ist, ohne sein Steinsein zu verlieren.

In japanischen Gärten haben Steine eine viel wichtigere
Bedeutung als in unseren Gärten. Sie sind in bestimmte Ord-

nungen gesetzt, in den Boden eingesenkt. Jeder Stein ist er
selbst in eigener Gestalt, und zugleich ist er zu anderen Steinen in Beziehung gesetzt.

Für den Schintoismus des frühen Japan waren Steine göttliche Wesen. In den Steinen hat sich etwas vom göttlichen
Sein der Natur ausgebildet, ist feste Form geworden, unver-
rückbare Gestalt. Steine sind gleichsam von der Natur geschaffene Kunstwerke. Taoismus und Buddhismus knüpfen
an die alten Vorstellungen an, und im *Zen*-Buddhismus wurden die Steinsetzungen schließlich zu einem der wichtigsten
Gestaltungselemente der Gartenkunst. Pflanzen verändern ihr
Aussehen, sofern sie nicht durch Schnitt und Bindekünste so
in die Form gebracht und in ihr gehalten werden, dass sie die
vom Gärtner vorgesehene Gestalt behalten. Steine aber behalten auch ohne die Hand des Menschen über die Jahrhunderte hin ihre Erscheinung. Der Architekt des Gartens setzt
mit ihnen Zeichen. Sorgfältig wählt er, häufig zusammen mit
dem Auftraggeber des Gartens, die Steine in der Natur aus
und lässt sie in den Garten bringen. Es wird von langdauern-
den Suchreisen und beschwerlichen Steintransporten in der
japanischen Gartenliteratur berichtet. Sogar Kaiser haben sich
höchstpersönlich auf diese Suchreisen begeben.

Steine repräsentieren, wie schon gesagt, in den frühen Gärten den buddhistischen Weltberg. Dies kann ein hoher Stein
sein, der umgeben ist von mehreren niedrigen Steinen, oder
eine Steingruppe, die auf einer Insel im Teich steht oder in der
Mitte des Gartens. Steine ziehen die Aufmerksamkeit des
Betrachters auf sich. Sie besitzen eine eigene Magie, die dadurch unterstützt wird, dass sie sich aus dem Grün der Pflanze,
aus der Fläche des geharkten Sandes hervorheben und diese
dominieren. Steine verwandeln sich in einem kaum merk-
baren Prozess. Sie lassen sich von Flechten besetzen, Moos
wächst zu ihren Füßen. Der Regen wäscht sie, Schnee und Eis
können sie aufsprengen. Steine sind wunderbare Wesen, Zei-

chen einer schier ewigen Dauer, Zeichen, die von der Natur
geschaffen werden, aber erst durch die besondere Anordnung
im japanischen Garten sprechen sie in einzigartiger Weise
zum Menschen. Der Mensch kann die Steingestalten in seine
Erfahrung hineinnehmen, sie als Lebewesen sehen. Aber es gilt
auch, was ein *Zen*-Text sagt: »Eine Blume spricht nicht. Eine
Blume ist eine Blume, ein Stein ist ein Stein.«

Und der 740 gestorbene *Zen*-Meister *Ching-yüan Hsing-
tzu* sagte: »Vor meinem *Zen*-Studium, das dreißig Jahre lang
dauerte, sah ich in den Bergen nur Berge und in den Flüssen
nur Flüsse. Als ich im Lauf der Jahrzehnte mein Wissen vertiefte, erkannte ich, dass Berge keine Berge und Flüsse keine
Flüsse sind. Nun aber, da mir der Kern des *Zen* aufgegangen
ist, bin ich zur Ruhe gekommen. Und nur deshalb, weil ich
Berge wieder als Berge und Flüsse als Flüsse sehe.«

Ein Garten am Rand der Stadt Kioto. Sehr früh am Morgen bin ich hinausgefahren, um ihn in seiner unvergleichlichen Stille zu erleben. Ich freue mich, dass ich die Erlaubnis
habe, den Garten einige Stunden, bevor die Scharen der Besucher kommen, betreten zu dürfen. Der *Ryoan-ji* ist wie *Delphi*
in Griechenland, *Elephanta* in Indien, wie der *Borobudur* auf
Java ein Ort, an dem das Heilige, Geistige unmittelbar spürbar ist. Ein Weltmittelpunkt, in den hinein kosmische Kräfte
schießen.

Ein Rechteck, eine Fläche von der Größe eines Tennisplat-
zes, begrenzt von einer niedrigen, ziegelgedeckten Mauer im
Süden und Westen. Auf der Fläche Kies, in die Fläche Steine
gesetzt, fünfzehn Steine. Keine Bäume, keine größeren Pflanzen wachsen in diesem Rechteck. Die Zusammenstellung der
Steine, die Proportionen sind es, die gefangen nehmen. Eine
nicht entschlüsselbare Ordnung. Die Steine sind von links
nach rechts angeordnet in fünf Gruppen nach dem Schema
5 – 2 – 3 – 2 – 3. Man kann aus dieser Anordnung versuchen,
Gesetze herauszulesen, man kann die Entfernungen, die Stein-

größen messen. Man wird danach nichts erfahren haben. Das
Geheimnis der Ordnung dieses Gartens, der am ausgeprägtes-
ten den Einfluss des *Zen*-Buddhismus zeigt, bewegt den Zuschauer, macht ihn still.

Ich sitze am frühen Morgen auf der obersten Stufe der
Veranda des Tempels. Vor mir die geharkte Kiesfläche, das Wunder der Steinsetzung. Ein Garten der Meditation. Ein geistiger Garten. Die möglichen Abstraktionen zur Vollendung
gebracht.

Ich kann mir das Universum vorstellen, kann den Deutun-
gen nachsinnen, die vom Weltozean reden, von den Inseln
oder vom Wolkenmeer, aus dem die Gipfel der Berge aufra-
gen. Aber jede Deutung bleibt zurück hinter dem unmittelbaren Eindruck, der Wirkung dieser unnachahmlichen Harmonie des Verhältnisses von leerem Raum und den gesetzten
Steinen. Dieser Garten ist konkret gewordene *Zen*-Idee. Ein
Stein ist ein Stein, ein Blatt ein Blatt. Alles ist genau, wie es ist,
und im Augenblick der Erfahrung auch ein Anderes. Im un-
veränderten Dasein ist es auch Geheimnis, ist es die ganze Tiefe der Welt. Man muss nichts dahinter suchen. Die Kraft der
Dinge ist stark genug.

Der Mensch bedarf der Ordnungen. Er liest sie aus der
Natur heraus. Er zwingt ihr hier die Ordnungen nicht auf. Die
Steinsetzungen im *Ryoan-ji* sind nicht erzwungen. Sie vollzie-
hen die Harmonie der Natur nach, und sie machen die Zeichen der Natur deutlicher. Auf der leeren Fläche entfaltet sich
der Rhythmus der Komposition. Das Kiesrechteck des Trockenlandschaftsgartens wird sorgfältig mit einem Holzrechen
gepflegt. Parallele Linien führen den Blick. Nur um die Steine
herum sind, ihren Konturen folgend, einige Linien rund gezogen.

Seit dem Ende des 15. Jahrhunderts fasziniert dieser Garten
durch die Beziehung der Steingruppen zueinander und durch
die Gesamtkomposition den Betrachter. Er ist das Gegenteil

eines herkömmlichen Gartens, ist einfach Raum und Fläche,
und auf ihr, in reiner Abstraktion und zugleich so konkret
wie nur irgendein Teil der Natur, die Steinsetzung. Er ist nicht
nur eine Verkleinerung der Natur, sondern Ausdruck einer
kosmischen Ordnung. Er ist ein Kunstwerk, in dem die asym-
metrische Harmonie gefangen nimmt, ein Kunstwerk, das
auch Weg zur Erleuchtung ist, zur Seinserfahrung im Sinne
des *Zen*.

Wege, Trittsteine

Auch im japanischen Garten gibt es Wege. Die Wege führen
den Besucher, leiten ihn von Betrachtung zu Betrachtung. Die
Steine, auf denen man geht, zum Tempel hinauf, durch den
Garten, haben eine Ordnung. Sie sind mehr als nur notwendig, zweckhaft. Die runden Formen, die Platten fügen sich
dem Boden ein, sind in ihn eingebettet. Zwischen den Steinen wächst Moos, siedeln sich winzige Pflanzen an.

Wege durchziehen in einer leichten Biegung, wie gewachsen, den Garten. Die Trittsteine, kennzeichnend für den Tee-
und Meditationsgarten, entstanden mit dem Aufkommen der
Teezeremonie. Zur Teezeremonie gehört auch das Erlebnis des
Gartens.

Die Anordnung der Trittsteine und Wege zeigt die Meisterschaft japanischer Gartenarchitektur. Größe und Form der
Steine, ihre Anordnung, die Abstände zwischen ihnen, alles
muss in einem harmonischen Gleichgewicht sein. Dabei ist
die Vielfalt erstaunlich. Rechteckige Wegflächen, aus unbear-
beiteten, gelegentlich auch bearbeiteten Steinen zusammengefügt, aneinandergelegt. Naturbelassene Steine, im Schritt-
stand aufeinanderfolgend, ein Beet aneinandergelegter Bach-
kiesel, Trittsteine, die über Wiesenflächen führen. Trittsteine

und Wege sind Teil des ästhetischen Konzepts des japanischen
Gartens.

Die japanischen Gartenmeister haben auch für das Anlegen
der Trittsteine und Wege Regeln entwickelt. So sollen die
Steine tief in den Boden versenkt werden. Die Längsachse
jedes Steins soll senkrecht zum Weg stehen. Konkave Formen
sollten mit konvexen abwechseln. Auf zwei Metern Weglänge
sollen vier bis fünf Steine aufeinander folgen. Harmonie und
Kontinuität sollen den Betrachter, der auf den Trittsteinen
geht, gefangen nehmen. Die Steine werden nicht sukzessive
aneinandergelegt, sondern als Verbindung von Steinen, die
an markanten Stellen gelegt worden sind, am Anfang und
Ende des Weges, am Wasserschöpfstein, am Trittstein, vor einer
Steinlaterne. Nur selten werden Trittsteine in gerader Linie
ausgelegt. Kurven, Zickzacklinien, Linien in der Flugforma-
tion der Gänse, bewegte Linien, lebendige Formen erfüllen
mehr als die geometrisch gezogene Gerade den Wunsch, auch
mit dem Weg ein Abbild der gewachsenen und wachsenden
Natur zu schaffen.

Sand

In japanischen Gärten überraschen immer wieder leere Flächen, geharkte Rechtecke, ausgesparte und mit Sand bedeckte
Flächen. Sand, das heißt in Japan: verwittertes Granitgestein
mit Körnern von zwei bis fünf Millimetern Durchmesser.

Eine Sandfläche, in die Linien gezogen sind, an einer Stelle
ein abgeflachter Kegel aus festgeklopftem Sand. Eine Fläche,
grau und doch lebendig im Spiel des Lichts. Geharkte Linien
umstreichen zwei niedrige Kegel, laufen auf sie zu. Die Sand-
linien werden sorgfältig gepflegt, mit einem Holzrechen nach-
gezogen, sind genau parallel angeordnet. Der Betrachter sitzt

vor dieser Fläche, lässt die Bewegungen, die Zeichnungen auf
sich wirken. Sind die Kegel Berge in einem Meer, die Linien
Wellen, die Wasser an den Fuß der Berge spülen? Der Sand
bleibt Sand, die Steine sind Steine. Doch im betrachtenden
Sitzen geschieht die Verwandlung. Plötzlich sind die Ablen-
kungen des alltäglichen Lebens, die Verkrustungen, die Verhär-
tungen, die man sich in der Hetze des Alltags angeeignet hat,
durchbrochen. Über die verstandesmäßige Wahrnehmung
hinaus wird man sich plötzlich einer langgesuchten Ordnung
bewusst. Man kann erfahren, dass die Selbstverwirklichung
nicht im *Haben*, sondern im *Sein* besteht. Und staunend begreift man, dass die Leere des Trockenlandschaftsgartens eine
unendliche Fülle bereithält. In winzigen Ausdehnungen ist das
ganze Universum einer Landschaft eingefangen.

In der klaren, abstrakten Form, gebildet aus dem ganz Konkreten, zeigt sich auch die Leere, das Gereinigte. Doch die
Leere ist auch Öffnung, durch die das Wesentliche herein-
bricht. So, wie es im 11. Spruch des *Tao Te King* des *Laotse*
heißt:
>»Dreißig Speichen treffen die Nabe.
>Die Leere dazwischen macht das Rad.
>Lehm formt der Töpfer zu Gefäßen.
>Die Leere darinnen macht das Gefäß.«

Und auch dies sagt *Laotse*:
>»Übe das Nicht-Handeln,
>so wird alles geordnet.«

Wasser

In den Trockenlandschaftsgärten symbolisieren die Sandflächen Wasserflächen, in den Teichgärten luden in der frühen Zeit die großen Wasserflächen zu Bootsfahrten und Festlichkeiten ein. In den meisten Gärten und in den Tempeln Japans findet sich ein Wasserschöpfstein oder ein Schöpfbecken, in das frisches Wasser fließt. Das Wasser ist dem Menschen zur Erfrischung angeboten, und zugleich sind sein Fließen und seine Kühle Zeichen für das Belebende. Der Besucher des Gartens schöpft mit einer Kelle das Wasser oder schöpft es über die Hände und lässt es in den Mund rinnen. Er reinigt sich mit dem Wasser und erfrischt sich mit ihm. Wasser ist die köstlichste, reinste Gabe, das lebendigste Geschenk der Natur. Wasser besitzt in allen Kulturen einen symbolischen Charakter. Im japanischen Garten ist die Wasserstelle zunächst einfach nur für den Gebrauch da. Doch indem der Mensch achtsam das Wasser schöpft, indem er sorgsam mit dieser Erfrischung umgeht, erfährt er ganz sinnlich das reine Element als ein Geschenk, als Gabe, für die er danken muss. Wasser: In allen Kulturen wird es zum Element in religiösen Riten, in der Liturgie.

Im japanischen Garten ist Wasser das verbindende Element. Es lädt die Trinkenden ein, teilzuhaben an der köstlichen Frische der unverstellten, unvermischten Natur. Auch das Wasser ist Teil des ständig präsenten Zusammenhangs, einer den Menschen umfassenden, einbeziehenden Einheit alles Lebendigen.

Die Harmonie der Proportionen, das Aufeinanderbezogensein von Stein und Moos, der wahrgenommene Fall der Regentropfen auf das Dach, das Tropfen des Wassers in eine Steinhöhlung, alles nimmt den Menschen hinein in den größeren Zusammenhang. Und so wird auch die kleinste Wasserfläche in einem Garten nicht einfach zum Schmuck, sondern

zum Spiegel. Jeder, der einen Garten anlegt, sollte wenigstens
eine kleine Wasserfläche einplanen. Der Mensch, der sich vor
das Wasser setzt, der nur schaut, kann übend im Wasserspiegel
das Ganze der Welt erkennen. Der japanische Garten lehrt
den Menschen das nachdenkende Schauen. Schon eine kleine
Wasserfläche vermag die Stille zu sammeln, die schweifenden
Gedanken zu ordnen. In einem Gedicht *Busons* heißt es:

> »In jedem Dorf
> tiefer der Schlaf;
> fallende Tropfen.«

In wenigen Worten ist das Geheimnis der Wassergeräusche
angedeutet. Der Laut der fallenden Tropfen, das leise Rauschen des Wassers stört uns nicht, sondern lässt uns nur tiefer,
beruhigter schlafen.

Pflanzen

Japan kennt nicht die ausladenden Landschaftsgestaltungen
englischer Gärten, nicht die Gruppierung hoher Bäume um
weite, offene Wasserflächen, nicht den bunten Zauber englischer Landgärten, nicht die Blumenfülle unserer Bauerngär-
ten. Und auch die großen kaiserlichen Gärten sind dadurch
gekennzeichnet, dass überschaubare Räume und Perspekti-
ven die sanft ordnende Hand des Menschen erkennen lassen,
anstatt dass hier ein strenges geometrisches Maß angelegt
worden wäre. Fließend sind oft die Übergänge hin zu den
bewaldeten Hügeln. Und sogar der nur ein Tennisfeld große
Trockenlandschaftsgarten des *Ryoan-ji* bezieht ein wenig die
Bäume ein, die sich jenseits der niedrigen, umfriedenden
Mauer befinden.

    In den japanischen Gärten fehlt die laute, bunte, fröhliche

Vielfalt der Blumen, fehlt das üppige Blühen und Prunken. Nur selten ist in den größeren Gärten ein Beet mit Lilien anzutreffen, und auch die Lilienbeete erscheinen eher als monochrome denn als bunte Flächen. Auch die Teichrosen oder der blühende Lotos bringen einen zarten, zurückhaltenden Farbakzent wie auch die Azaleenbüsche.

Die Bäume kommen meist schon in ihren endgültigen Größen in den Garten und werden durch kunstvolle Pflege, durch Trimmen und Beschneiden in ihrer ursprünglichen Größe gehalten.

Nicht nur in den berühmten Kunstgärten werden Bäume so beschnitten und gepflegt. Auch der kleine Hausgarten auf dem Dorf, in der Stadt enthält Bäume und Büsche, die gleichsam auf menschliches Maß zurechtgeschnitten sind, die überschaubar bleiben.

Abgesehen von den großen Tempelbezirken, die sich über zwei Hänge hinaufziehen und auf denen hohe Zedern stehen, finden in den Gärten nur jene Gewächse Platz, die der Mensch in Zucht halten kann. Besonders die Kiefer eignet sich als Gartenbaum. Aber auch sie darf nicht hoch und gewaltig aufwachsen, sondern wird in Form gebracht und gehalten, in einer ihrem natürlichen Wachsen entsprechenden Gestalt. Auch für sie ist die natürliche Landschaft Vorbild. Die Kiefern in den Gärten gleichen den Kiefern, die in der Natur wachsen, die sich an Felsen klammern, die auf einem aus dem Meer ragenden Felsen stehen. In den Gärten wie in der Malerei auf den Rollbildern und Wandschirmen sind sie zum unverkennbaren Zeichen der japanischen Landschaft geworden.

Eines der japanischen Gartenwunder, von dem schon die Rede war, ist der *Saiho-ji*, der Moosgarten in Kioto. Hunderte verschiedener Moosarten haben den ganzen Garten in Besitz genommen, bedecken den Boden des Tempelgartens. In allen Grünschattierungen wachsen sie zwischen den Steinen, unter den Bäumen, säumen die Wasserläufe und Teichflächen. Eine

Vegetation nicht von bunter, sondern zurückhaltender Vielfalt. Ein Wachsen, das stiller zu sein scheint als das Wachsen der Bäume und Büsche. Die Mooskissen dämpfen alles Laute. Im Schatten der Bäume hält sich die Luft feucht, das winzige Leben kann sich ungehindert entfalten. Aber nicht nur im *Saiho-ji* werden Moosarten gepflegt. Moose siedeln sich in allen anderen Gärten am Fuße der Steinsetzungen an, sie säumen die Sandflächen und die Teichbuchten. Moospolster in Steinvertiefungen, zwischen Steinplatten am Wasserbecken. Man muss dem Moos nur Zeit zum Wachsen geben, dann verbreitet es sich in einzigartiger Schönheit. In unseren Gärten wird Moos immer noch als Eindringling, als Unkraut angesehen und vertilgt.

Die weichen Formen, die Abstufungen des Grüns, das Zusammenspiel mit den Farben der Steine machen Moos zu einem der lebendigsten Bestandteile des japanischen Gartens, jedes Gartens. Moos hat Platz in der winzigsten Ecke. Moose sind Pflanzen der Stille, sie umhüllen und polstern. Wer sich hinunterbückt zum Moos, wer die Augen nahe an ein Moospolster heranführt, wird in den winzigen Gewächsen Abbilder von Bäumen, von lebendigen Landschaften entdecken.

Hügel

In manchen Gärten sind grasbewachsene Hügel angelegt. Einer der berühmtesten Hügelgärten liegt in Kumamoto, der Garten des *Suizen-ji*. Der Haupthügel symbolisiert den heiligen Berg Fuji, der immer wieder auch in der japanischen Kunst erscheint, auf den Farbholzschnitten des *Hokusai* wie auf vielen Tuschemalereien.

Sanft führen die grünen Flanken des Hügels zum Gipfel, einzeln und in Gruppen stehende Kiefern begleiten den

*Im über 300 Jahre alten Landschaftsgarten in der
Kumamoto-Präfektur auf Kyushu*

Schwung der Abhänge. Sie sind eingefügt, eingebunden in ein überschaubares Konzept eines Gartens. Auch der Hügelgarten des *Suizen-ji* ist überschaubares Abbild einer Landschaft, ist vom Menschen gefügtes, der Natur nachempfundenes Kunstwerk. Aber auch Inseln im japanischen Meer sind Vorbilder für die Hügel.

Manche bilden die Sagengestalten Schildkröte und Kranich nach. Die Schildkröte: die breit hingelagerte Figur. Der Kranich: die steiler aufstrebende Figur. In vielen Gärten wurde der Teichaushub benutzt, um einen Hügel zu formen. Durch Hügel erhält der Garten eine sanft bewegte Gestalt. Zur Betrachtungsseite hin fallen die Hügel weich ab, steil dagegen zur nicht sichtbaren Grenze des Gartens hin.

Hügel können auch ausgeflachte Wölbungen sein, die meist mit Moos bewachsen sind und in eine Sandzone hinausufern.

Gelegentlich werden in den Hügel hinein auch Steine gesetzt, mit einem dominierenden Stein auf dem Gipfel.

Als plastisches, hügelähnliches Element sind auch geschnittene Büsche anzutreffen, die oft in Gruppen stehen und in unterschiedlichen Grünfärbungen aufkuppeln. So scheinen sie Hügelketten abzubilden.

Laternen, Statuen, Brücken, Wasserbecken

In den japanischen Gärten trifft man auf verschiedene Formen von Steinlaternen. An den Wegen, die zu den Schreinen führen, sind sie als Dankeszeichen der Gläubigen häufig in langen, sogar gestaffelten Reihen aufgestellt.

Vor allem aber im Teegarten haben die einzeln aufgestellten Laternen die Aufgabe, dem Besucher auch in der Dämmerung oder Dunkelheit den Weg zu weisen. Die Laterne sollte jedoch nicht den ganzen Garten erhellen, sondern nur Lichtinseln schaffen, einzelne Stellen hell erleuchten.

In Gärten, die zu Tempeln gehören, sieht man auch kleine Buddhasteinfiguren. Sie sind Zeichen der Verehrung Buddhas, Votivgaben und haben auch Eingang in manche Privatgärten gefunden.

Brücken überqueren Wasserläufe. Im japanischen Garten aber kommt der Brücke eine eigene ästhetische Qualität zu. Am Anfang standen die chinesischen Brücken, die meist aus Holz gefertigt waren. Doch weit häufiger trifft man auf Steinbrücken. Sie erscheinen im Trockenlandschaftsgarten ebenso wie in den Teichgärten. Dabei hat die Brücke weniger eine praktische als eine ästhetische Funktion. Die Steinbrücke ist ästhetisch-symbolisches Element der Gartenkomposition.

Neben den Steinlaternen sind häufig steinerne Wasserbecken anzutreffen. Ursprünglich waren sie für eine Reinigungszeremonie gedacht und vor Schreinen und Tempeln aufgestellt, damit die Pilger sich die Hände reinigen und den Mund ausspülen konnten.

Begrenzungen

Aus Bambusstäben gefügte Zäune, mit Stricken kunstvoll verbundene Hölzer, mit Holzschindeln oder Keramikplatten belegte Mauern begrenzen, umgrenzen die japanischen Gärten. Sie grenzen den Gartenraum ein und aus, sie setzen die Grenze und machen das Kunstwerk Garten überschaubar. Die Begrenzungen sind selbst Kunstwerke. Eine Wand, eine Mauer ist nicht einfach eine Fläche; in ihrer Gliederung, in den unterschiedlichen Teilflächen zeigt sich, wie sehr auch hier ästhetische Gesetze wirken, wie stark eine gegliederte Fläche das Auge ansprechen kann.

Eines der schönsten Beispiele ist die Mauer, die auf der Längsseite den *Ryoan-ji* begrenzt. Eine Mauer, gerade mannshoch, mit Ziegeln gekrönt. Eine Fläche gefärbt, genarbt, gezeichnet von den Jahrhunderten, eine wunderbare Fläche, auf der Ocker- und Grautöne erscheinen.

Zäune werden in einer besonderen Flechttechnik zusammengesetzt. Stricke umfassen die runden Bambusstäbe, die gespaltenen Stäbe, die Holzlatten. Zäune sind aus Brettern gefertigt, die im Regen und in der Sonne ein lebendiges Graubraun angenommen haben. Holzflächen wie an den Tempelwänden, gerippt und gebändert, in Jahresringen gezeichnet. Zu den Begrenzungen gehören auch die Tore, die Eingänge. Nicht einfach Löcher in der Mauer, sondern kunstvoll überdachte Öffnungen, die nachts geschlossen werden können. Öffnungen mit betonten Seiten, mit Dächern, die wie die Tempeldächer eine Hügellinie nachzeichnen. Viele der Begrenzungen sind durchlässig. So wie in den Wohnungen und Häusern die Abgrenzungen, Trennungen nicht sehr stabil und geräuschdurchlässig sind, so sind auch die Flecht-Bindezäune eher optisch ästhetische Markierungen als undurchdringliche Barrieren, aber sie gewähren doch den Schutz nach außen, auch wenn sie nur aus Ruten, Bambusstäben, Spaltbambus oder Gräsern und Matten bestehen.

Begegnungen mit der Kultur der Achtsamkeit. Durch sie sind auch die Haiku-Gedichte in meinem Band *Vogelnarben auf der Stirn* entstanden. Und so mag eines der Gedichte den Text beschließen:

»Im Tempelgarten
so hell die Ginkgobäume
Geküsst der Herbsttag«

Glossar

Amida-Buddha wörtl. »Grenzenloses Licht«; einer der wichtigsten und volkstümlichsten Buddhas des *Mahayana*.

Ashikaga-Shogunat 1392–1573, Herrscherperiode in Japan.

Asuka-Periode 552–645, Periode in der japanischen Geschichte.

Avalokiteshvara Verkörperung des umfassenden Mitleids, Nationalgottheit Tibets, Emanation des *Padmasambhava*.

Basho Matsuo 1644–1694, bedeutendster japanischer Haiku-Dichter. 1692: *Tagebuch der Reise in den Norden*.

Bodhisattva Erleuchtungswesen, im *Mahayana*; Mensch, der durch Übung nach Vollkommenheit strebt, der aber nicht ins *Nirvana* eingehen will, ehe nicht alle Wesen erlöst sind.

Buson 1715–1783, japanischer Lyriker.

Dharma Zentralbegriff des Buddhismus, kosmisches, universales Gesetz, Lehre des Buddha.

Dogen 1200–1253, *Tendai*-Mönch auf dem Berg Hiei, reiste nach China, Erneuerer des Buddhismus in der *Kamakura*-Zeit. Hauptwerk: *Shobogenzo*.

Dürckheim, Karlfried Graf von 1896–1988, spiritueller Lehrer, Vermittler der Weisheitslehren Asiens, Prof. für Philosophie, von 1937–1945 in Japan, baute das Zentrum für Initiatische Therapie in Todtmoos-Rütte auf.

Dumoulin, Heinrich 1905–1939, Jesuit, Prof. für Philosophie, seit 1935 vor allem in Japan, 1970 Direktor des Forschungsinstituts für fernöstliche Religionen an der Sophia Universität Tokio.

Griffith, Bede Benediktiner aus England, ging 1955 nach Indien, lebte in einem Ashram, in dem Menschen verschiedener religiöser Bekenntnisse zusammenlebten.

Herrigel, Eugen 1884–1955, Prof. für Philosophie, von 1924–1929 Prof. an der Kaiserlichen Universität in Sendai, Japan.

Ikkyu, Sojun 1394–1471, *Zen*-Mönch und Dichter.

Joso 1661–1704, Schüler Bashos, Lyriker.

Issa 1763–1827, Haiku-Dichter.

Karma wörtl. »Handlung«, Kette von Ursache und Wirkung.

Kamakura-Periode 1185–1392, Epoche japanischer Geschichte.

Khajuraho Hinduistischer Tempel in Zentralindien, vor allem von der *Chandella*-Dynastie (950–1050) erbaut.

Koan wörtl. »Öffentlicher Aushang«, im *Zen* kurze oft in alogischer Folge erzählte Anekdoten bzw. Gedichte, auf die der Übende dem Meister als Herausforderung antworten soll. Der Meister erkennt an der Antwort, ob der Übende *Satori*, das Erwachen, erfahren hat.

Lassalle, Hugo M. Enomiya 1898–1990, geb. in Deutschland, leitete ein christliches *Zen*-Zentrum in Japan, hielt viele *Zen*-Kurse in Europa.

Lama Bezeichnung für einen religiösen Meister, eine spirituelle Autorität. Führer auf dem tantrischen Heilsweg. Besonders qualifizierten Lehrern wird der Titel *Rinpoche* verliehen.

Li-Bo (auch Li-Tai-Po) 702–763, chinesischer Lyriker.

Mahabalipuram Dorf an der Küste Süd-Indiens, große Steindenkmäler aus der *Pallava*-Dynastie (7./8. Jh.). Berühmt ist das Felsrelief, das die Herabkunft der Göttin *Ganga* darstellt.

Mandala wörtl. »Kreis, Bogen«, symbolische Darstellung kosmischer Kräfte in zwei- oder dreidimensionaler Form.

Meij-Restauration 1866–1912, Periode des politischen und gesellschaftlichen Umbruchs in Japan.

Musashi, Miyamoto 1584–1644, Autor des Buches der Fünf Ringe (geschrieben 1643), das die Kunst des Schwertkampfes als geistige Disziplin beschreibt.

Muromachi-Periode 1333–1568 (auch Ashikaga-Periode).

No traditionelles japanisches Theater.

Pali-Kanon Kanon des *Theravada*-Buddhismus, abgefasst in Pali,

Ende des 1. Jh. v. Chr. in Ceylon schriftlich fixiert, einzig erhaltener buddhistische Kanon in einer indischen Sprache.

Ryoan-ji wörtl. »Tempel des zur Ruhe gekommenen Drachen«; ein 1499 gegründeter *Zen*-Tempel in Kioto.

Saiho-ji (auch Kokedera) *Zen*-Tempel aus dem 8. Jahrhundert.

Samsara Kreislauf des Daseins, Rad der Wiedergeburt.

Sankhya eines der sechs orthodoxen Philosophiesysteme des Hinduismus.

Sanskrit indische Sprache.

Sarin-Anschlag Giftanschlag der Aum-Sekte auf die U-Bahn in Tokio.

Schintoismus wörtl. »Weg der Götter«, die altjapanische Religion, die aus dem Ahnen- und Seelenkult entstand, basierend auf animistischen Wurzeln.

Shogun, Shogunat kriegführender kaiserlicher Feldherr, später erblicher Titel des Kronfeldherrn, der jahrhundertelang anstelle schwacher Kaiser die Regierungsgeschäfte führte.

Sosan 849–901, japanischer Dichter, studierte zuerst den Konfuzianismus, Mitbegründer der *Soto*-Sekte des *Zen*.

Sutra wörtl. »Faden, Richtschnur«, Predigten und Lehrreden Buddhas. Die *Sutras* sind im zweiten Teil des buddhistischen Kanons zusammengefasst. Überliefert in Pali- oder in Sanskrit-Fassungen.

Suzuki, Daisetz T. 1871–1966, japanischer Philosoph und *Zen*-Buddhist, lebte längere Zeit in Chicago, 1936–1964 Lehrtätigkeit an verschiedenen Universitäten in den USA.

Tokugawa-Shogunat 1603–1868, Periode in der japanischen Geschichte.

Tofuku-Ji *Zen*-Tempel in Kioto aus dem 13. Jahrhundert.

Tu-Fu 714–774, chinesischer Lyriker.

Xizhi Wang 303–362, chinesischer Kalligraf, wurde mit 23 Jahren Hofbeamter, später Gouverneur von Huiji. Kaiser Taizong bezeichnete sein Werk mit den Worten: »Höchste Tugend und außerordentliche Schönheit«.

Quellen- und Literaturverzeichnis

Grundtexte

Edward Conze: Eine kurze Geschichte des Buddhismus. Suhrkamp, Franfurt a. M. 1986

Foundation of Japanese Buddhism. Vol. I and Vol. II. Daigan & Alicia Matsunga. Eikyoji Foundation, Tokyo 1996

Daisaku Ikeda: Buddhismus. Das erste Jahrtausend. Nymphenburger, München 1986

Johannes Lehmann: Leben, Lehre, Wirkung. C. Bertelsmann, München 1980

Klaus Mylius: Die vier edlen Wahrheiten. Texte des ursprünglichen Buddhismus. Reclam, Ditzingen 1998

Reden Gotama Buddhas. Aus der mittleren Sammlung. Ausgewählt und erläutert von Hellmut Hecker. Übertragen von Karl Neumann. Piper, München 1987

Sogyal Rinpoche: Das Tibetische Buch vom Leben und Sterben. O. W. Barth, München 1993

Hans Wolfgang Schumann: Der historische Buddha. Eugen Diederichs, Köln 1982

Das Tibetische Buch der Toten. Einführung von Lama Anagarika Govinda. Herausgegeben von Eva und Gesche Dargyay. O. W. Barth, Bern–München–Wien 1994

Dogen Zenji's Shobogenzo. Theseus, Zürich o. J.

Die Kultur Japans

Toshihiko und Toyo Izutzu: Die Theorie des Schönen in Japan. DuMont, Köln 1988

Suichi Kato: Form, Style, Tradition. Reflections on Japanese Art and Society. Kodansha International, Tokyo, New York, San Francisco 1986

Kisho Kurokawa: The Philosophy of Symbiosis. Academy Editions, London 1994

Daisetz T. Suzuki: Zen und die Kultur Japans. O. W. Barth, Bern–München–Wien 1994

Zen-Literatur

Karlfried Graf von Dürckheim: Japan und die Kultur der Stille. O. W. Barth, Bern–München–Wien 1975

Karlfried Graf von Dürckheim: Zen und wir. Fischer, Frankfurt a. M. 1974

Hugo M. Enomiya-Lassalle: Zen Meditation. Heyne, München 1982

Eugen Herrigel: Der Zen Weg. O. W. Barth, Bern–München–Wien 1994

Joshida Kenko: Betrachtungen aus der Stille. Insel, Frankfurt a. M. 1991

Abbot Zenkei Shibayama: A Flower does not Talk. Zen Essays. Charles E. Tuttle Company, Tokyo 1980

Zenkei Shibayama: Zen in Gleichnis und Bild. Suhrkamp, Frankfurt a. M. 1995

Zenkei Shibayama: Zu den Quellen des Zen. Heyne, München 1986

Daisetz T. Suzuki: Leben aus Zen. O. W. Barth, Bern–München–Wien 1993

Daisetz T. Suzuki: Das Zen-Koan. Herder Spektrum, Freiburg 1996

Zen Art for Meditation by Stewart W. Holmes and Chima Horioka. Charles Tuttle Company, Rutland, Vermont, Tokyo 1985

Die Zen-Wege

Helmut Brinker: Zen in der Kunst des Malens. Scherz, Bern–München–Wien 1985

Horst Hammitsch: Zen in der Kunst des Tee-Weges. O. W. Barth, Bern–München–Wien 1994

Eugen Herrigel: Zen in der Kultur des Bogenschießens. O. W. Barth, Bern–München–Wien 2003

Gusty L. Herrigel: Zen in der Kunst des Blumen-Weges. O. W. Barth, Bern–München–Wien 1994

Stewart W. Holmes/Chimyo Horioka: Tuschespuren in der Ewigkeit. O. W. Barth, Bern–München–Wien 1994

Miyamoto Musashi: Fünf Ringe. Die Kunst des Samurai-Schwertweges. Knaur, München 1994

Miyamoto Musashi: Vom Sieg im Kampf. Heyne, München 1996

Kakuzu Okakura/Soshitsu Sen: Ritual der Stille. Die Teezeremonie. Herder, Freiburg 1997

Hans Joachim Stein: Die Kunst des Bogenschießens. Kyudo. Scherz, Bern–München–Wien 1985

Meister Takuan: Zen in der Kunst des kampflosen Kampfes. O. W. Barth, Bern–München–Wien 1993

Dichtung

A Haiku Journey. Basho's Narrow Road to a Far Province. Kodansha International, Tokyo 1983

R.M. Blyth: HAIKU. Eastern Culture. Spring. Summer-Autumn.

Autumn-Winter. 4 Vol. The Hokuseido Press Tokyo, Heian International. South Francisco 1981–1982

Cliff Edwards: Issa. The story of a poet-priest. Macmillan Shuppan KK, Tokyo, London 1985

Haiku. Japanische Gedichte. Ausgewählt, übersetzt und mit einem Essay herausgegeben von Dietrich Krusche. dtv Klassik, München 1994

Issa: Mein Frühling. Haiku. Manesse im dtv, München 1996

Monkey's Raincoat. Linked Poetry of the Basho School with Haiku Selections. Charles Tuttle Company, Ruthland, Vermont, Tokyo 1985

On Love and Barley. Haiku of Basho. Penguin Books, Middlesex 1985

Ikkyu Sojun: Im Garten der schönen Shin. Die lästerlichen Gedichte des Zen-Meisters »Verrückte Wolke«. Diederichs, Düsseldorf, Köln 1979

John Stevens: Three Zen Masters. Ikkyu, Hakuin, Ryokan. Kodansha International, Tokyo, New York, London 1993

Makato Uedo: Matsuo Basho. Kodansha International, Tokyo 1982

Wir danken für die Abdruckrechte von Zitaten aus folgenden Werken